# Cómo tener éxito como estudiante en línea
# 7 secretos para triunfar como estudiante en línea

Eric Tangumonkem, Ph.D

IEM PRESS

PO Box 831001, Richardson, TX 75080
*A Subsidiary of IEM APPROACH*

Cómo tener éxito como estudiante en línea

©2020 por Eric Tangumonkem. Todos los derechos reservados.

IEM PRESS (PO Box 831001, Richardson, TX 75080) actúa únicamente como editor de libros. Como tal, el diseño, el contenido, la precisión editorial y las opiniones o posiciones expresadas o implícitas en esta obra son del autor. Ninguna parte de esta publicación puede ser reproducida o distribuida en cualquier forma o por cualquier medio, o almacenada en un sistema de bases de datos o de recuperación sin el previo permiso del autor, a excepción de lo permitido por la Ley de Derechos de Autor de Estados Unidos de 1976 y las leyes de propiedad intelectual. A menos que se indique lo contrario, todas las Escrituras fueron tomadas de la Santa Biblia, Nueva Versión Internacional®, NIV®. Derechos de autor © 1973, 1978, 1984, 2011 por Biblica, Inc. ™ Usado con permiso de Zondervan.

Todos los derechos reservados a nivel mundial. www. zondervan.com

ISBN: 978-1-63603-058-6 paperback
ISBN: 978-1-63603-059-3 e-book

Número de control de la Biblioteca del Congreso: 2021931060

# Dedicatoria

Dedico este libro a todos los estudiantes en línea que hacen malabarismos en sus diversas actividades competitivas para seguir aprendiendo y mejorando.

# Índice

Introducción ..................................................................1

Capítulo 1: Descubre tu «por qué» .................................5

Capítulo 2: Flexibilidad no es sinónimo de fácil ...........21

Capítulo 3: Tu actitud determinará cuán lejos llegarás ..35

Capítulo 4: El trabajo duro rinde frutos .......................45

Capítulo 5: Asume tu responsabilidad .........................57

Capítulo 6: Evita distracciones .....................................69

Capítulo 7: No eres un fracasado .................................83

Capítulo 8: Un enfoque espiritual ................................97

# Introducción

¿Cómo sabes si tienes lo que se necesita para estudiar en línea? Algunos estudiantes se creen incapaces de estudiar en línea, aunque nunca han tomado ni una sola asignatura en línea. De hecho, algunos de estos estudiantes concluyeron que no están hechos para tomar asignaturas en línea y creen que no tienen lo que hace falta para tener éxito. Escribí este libro pensando en aquellos estudiantes que jamás han tomado una asignatura en línea.

Si estás leyendo este libro, quizás estés considerando inscribirte en una asignatura en línea o que ya estés tomando una. Tal vez eres un profesor en busca de recursos que puedan ayudar a tus estudiantes a tener un buen desempeño en sus asignaturas en línea. O quizás eres padre y te encuentras considerando si tu hijo o hija debe inscribirse en una asignatura en línea. Este libro tiene algo para ofrecerte, sin importar en dónde te encuentres en tu camino de aprendizaje en línea. Espero que lo que comparto en estas páginas ayude a desmitificar cualquier obstáculo que crees puede afectar tu aprendizaje en línea. Además de mostrarle el potencial de la educación en línea, compartiré contigo siete secretos que te ayudarán a tener éxito en un entorno de aprendizaje en línea.

Este libro es el resultado de muchos años de experiencia docente observando las luchas de mis estudiantes. Llevo más de una década enseñando en línea. Durante este tiempo, he desarrollado diferentes asignaturas y cursos en diferentes disciplinas. Además de desarrollar asignaturas, he impartido asignaturas en múltiples colegios y universidades e interactuado con cientos de estudiantes. También me desempeñé como Decano de la Escuela de Misión Ecológica en la Universidad Missional.

Lo que estás a punto de leer es producto de mis observaciones y de mis interacciones con cientos de estudiantes a lo largo de los años. Espero que te ayude a entender lo que distingue a los estudiantes altamente exitosos de los comunes y corrientes y cómo evitar algunos errores comunes.

Te invito a tener una mente abierta, curiosa y dispuesta a aprender. Será vital que reflexiones sobre cada uno de los siete secretos que compartiré aquí, porque tu desempeño en línea dependerá de la comprensión de estas claves.

Por lo que he visto, hay un largo trecho entre «saber» y «hacer». Si solo necesitáramos tener conocimiento para alcanzar el éxito, todos lo lograríamos. Lamentablemente, muchas creencias populares son erróneas. En otras palabras, el hecho de que sabes algo no significa que sea cierto. Tener información no es suficiente; también necesitas hacer uso de esa información. Si no nada con la información, no te servirá de nada. Esto implica que puedes tener muchos conocimientos, pero si no los pones en práctica, no obtendrás resultados. El conocimiento es solo información, nada más y nada menos. Pero la información se vuelve poderosa cuando comienzas a usarla.

Por lo tanto, debes tomar la decisión de poner la información que comparto en este libro en práctica. Si no te esfuerzas por aplicar estas claves, no rendirán frutos. Quizá el desafío para ti es hacer los cambios necesarios para tener éxito. Espero que este libro te ayude a tener éxito en tus asignaturas en línea. Para tenderte una mano, incluí varias tareas útiles que te animarán a reflexionar sobre tus actitudes actuales y tu enfoque hacia el aprendizaje. Si haces esas tareas, estarás bien posicionado para comenzar, o continuar, tu camino de aprendizaje en línea.

## Capítulo 1

# Descubre tu «por qué»

*«Centrarte en algo y hacerlo realmente bien te puede llevar muy lejos.»* **-Kevin Systrom-**

*«Lo que parece ser nada a los ojos del mundo, cuando se valora y se pone en práctica adecuadamente; puede estar entre las mayores riquezas.»* **-Chris Gardner-**

***Secreto #1: Descubre tu «razón», ya que determinará cómo enfrentarás los desafíos, distracciones y obstáculos que te encontrarás en el camino.***

Nunca debes tomar la decisión de inscribirte en una asignatura en línea sin pensarlo bien. Muchos toman clases en línea por razones erróneas. Sin embargo, lo más recomendable es entender por qué lo quieres hacer.

A algunos se les hace difícil descifrar ese «por qué». Tal vez no estés seguro de por qué estás estudiando, y menos aún por qué estás tomando, o considerando inscribirte en, una asignatura en línea.

Cada vez que un nuevo grupo de estudiantes se inscribe en la asignatura que enseño, les doy la oportunidad durante la primera semana de clase de presentarse, compartir cuál es su especialidad y explicar por qué decidieron tomar la asignatura. Esta introducción no solo me permite conocer a mis alumnos para saber cómo servirles mejor. También les permite a los estudiantes descifrar su «por qué», si aún no lo han hecho.

## Las asignaturas en línea son fáciles

Como estamos abordando la importancia de comprender nuestra motivación para tomar una asignatura en línea, debemos también abordar esta creencia errónea. Muchas personas creen de manera errónea que las clases en línea son fáciles y que pueden aprobarlas con el mínimo esfuerzo. Después de todo, los exámenes son en línea y a libro abierto. Por lo tanto, no tienen que leer ni estudiar. Solo tienes que hacer un esfuerzo mínimo para sacar buenas notas. Si decidiste tomar una asignatura en línea por esta razón, lamento decirte que estás muy equivocado, y que debes estar preparado para hacer algunos cambios si quiere tener un buen desempeño en tu asignatura.

Las asignaturas en línea no son fáciles. Si no te esfuerzas, probablemente no tendrás éxito. Muchas escuelas tienen sistemas establecidos para monitorear los exámenes en línea para minimizar las trampas académicas. Pero ¿por qué te inscribirías en una asignatura fácil? Si no estás dispuesto a esforzarte, solo terminarás obstaculizando tu propio futuro.

## El que siembra, cosecha.

Algunos estudiantes sienten que solo deben asegurarse de que nadie los descubra haciendo trampa o copiándose. Los humanos somos criaturas adeptas a hábitos, y los hábitos que desarrollamos determinarán los resultados que obtendremos a lo largo de nuestras vidas. Por ejemplo, algunos ejecutivos de empresas multimillonarias han terminado en la cárcel por hacer transacciones fraudulentas, en violación de la ley. Una vez que fueron capturados, terminaron en la cárcel. Si examinas sus vidas de cerca, te darás cuenta de que cultivaron el hábito de intentar burlar al sistema a lo largo de los años. Nadie los atrapó al principio, por lo que se salieron con la tuya por un buen tiempo. Quizás este hábito comenzó la primera vez que nadie los atrapó haciendo trampa en un examen, prueba o trabajo final. Al principio temían ser atrapados y su culpabilidad los carcomía. Pero, después de que lograron salirse con la tuya una vez, se volvieron más audaces. Con el tiempo, esto terminó convirtiéndose en un hábito. Fácilmente idearon pretextos para sus acciones porque otras personas estaban haciendo lo mismo.

Lo que no entendieron es que estaban violando una de las leyes universales que aplican en todas las culturas. Esta es la ley de siembra y cosecha. La ley establece que «cosechas lo que siembras», lo cual es simple y profundo a la vez. Las consecuencias son transcendentales, incluso en el ámbito académico. Si siembras pereza, cosecharás fracaso. Algunos estudiantes creen que pueden aprobar esforzándose lo menos posible. No se preocupan en leer los libros de texto y otras lecturas externas. Los estudiantes que hacen esto están sembrando ignorancia, y tarde o temprano esto los alcanzará.

Esta es tu oportunidad de sembrar hábitos positivos en tu propia vida. Cuando lo hagas, probablemente obtendrás una gran cosecha. Es tu vida, y tú tienes las riendas de ella. No importa si te están vigilando o no. Haz lo correcto porque, cada vez que lo haces, estás fortaleciendo las bases morales sobre las que construirás tu vida. Tener bases sólidas te permitirá tener éxito no solo como estudiante, sino también como profesional.

*«Tu cerebro es tu jardín, lo que siembras es lo que cosecharás. Siembre con esperanza, energía positiva, buenos modales y creatividad. Riégalo con fe, trabajo duro y buena compañía.»* **-Zeyad Massry-**

*«Como el suelo, por rico que sea, no puede dar fruto si no se cultiva, la mente sin cultivo tampoco puede producir.»* **-Séneca-**

## La escuela es mucho más que las calificaciones

Muchos estudiantes solo quieren estudiar para sacar buenas calificaciones. Después de todo, la única forma en que pueden demostrarle a otras personas que son estudiantes exitosos es a través de sus calificaciones. Pero comparar tus calificaciones con las de los demás puede aumentar o reducir tu confianza y autoestima.

Les digo a mis estudiantes que, aproximadamente diez años después de que se gradúan de la escuela, sus calificaciones no importan. Después de que les digo eso, igualmente les recuerdo que se aseguren de obtener buenas calificaciones no solo en mi asignatura, sino en todas las demás asignaturas que estén tomando. Deben hacerlo, aunque sus calificaciones no importen a largo plazo. No estoy en contra de corregir y evaluar a los estudiantes. Pero las calificaciones no sopesan todas las habilidades que se necesitan para tener éxito en la vida. Espero que este libro te ayude a desarrollar hábitos que tengan un impacto positivo en todas las áreas de tu vida mientras aún eres estudiante.

Aquí comparto algunas frases célebres sobre las calificaciones para ayudarte a reflexionar:

«Mis notas me pusieron en el puesto 5.000 en todo Corea del Sur. Si hubiese seguido por esos caminos, me hubiese convertido en un hombre exitoso con un trabajo normal. Pero estaba seguro que sería el número uno en el país como rapero. Así que le pregunté a mi madre si ella quería tener un hijo que fuese el rapero número uno o ser el estudiante con el 5.000 puesto. Esta conversación me permitió perseguir mis sueños.» -**RM**-

«Las calificaciones no miden habilidades como tenacidad, coraje, liderazgo, agallas, o como quieras llamarlo. Los maestros o cualquier otra persona en una posición de autoridad nunca deben decirle a un estudiante que no tendrá éxito porque no obtuvieron buenas calificaciones.» -**Thomas J. Stanley-**

«Pienso que el gran error en las escuelas es tratar de enseñar a los niños usando el miedo como motivación. Miedo de obtener bajas calificaciones, miedo de no mantenerse con su clase, etc. Interés puede producir aprendizaje en una escala en comparación con el miedo como una explosión nuclear a un petardo.» -**Stanley Kubrick**-

«Gritarles a los niños por sus calificaciones, especialmente hasta el punto de hacerlos llorar, es abuso infantil, simple y llanamente. No es gracioso y no es una buena forma de criar. Es una experiencia desastrosa y devastadora para cualquier niño. No es nada gracioso.» -**Ben Stein**-

*«No creo que las personas más exitosas sean las que obtuvieron las mejores calificaciones, se metieron en las mejores escuelas o hicieron más dinero.»* **-Ben Stein-**

*«El único rival de uno son tus mismas potencialidades. El único fracaso es fracasar en vivir respecto a las propias posibilidades. En este sentido, todo hombre puede ser un rey, y debes, por tanto, ser tratado como un rey.»* **-Abraham Maslow-**

*«Obtuve malas calificaciones en la secundaria y no quería ir a la universidad. Mi padre me dijo: '¿Por qué no te mudas a Los Ángeles o a Nueva York y te dedicas a la música? Siempre lo has hecho bien.' Fue lo primero que tuvo sentido para mí y fue la decisión correcta.»* **-Mark Foster-**

*«A los que se graduaron con honores, premios y distinciones les digo: bien hecho. Y a los que obtuvieron C, les digo: ustedes también pueden ser presidentes de los Estados Unidos.»* **-George W. Bush-**

## Tienes que esforzarte

Leer lo mínimo exigible para aprobar una asignatura no es el mejor uso de tu tiempo como estudiante. Los líderes son aprendices, y los aprendices leen todo el tiempo. Si quieres seguir creciendo, debes seguir aprendiendo. Una gran parte del aprendizaje es la lectura.

Entonces, si tus razones para tomar una asignatura en línea se basan en la idea de que solo debes esforzarte un poco para obtener buenas calificaciones, estás muy equivocado. Cuando te esfuerzas por leer los libros de texto y otros materiales requeridos, estás creando un hábito de lectura que te será útil ahora y durante el resto de tu vida.

Recuerda que, si no cultivas el hábito, no podrás incorporarlo a tu lista de habilidades. Para tener éxito como estudiante en línea, debes esforzarte al máximo. No solo debes leer el libro de texto exigido. Lee otros materiales relacionados. Utiliza el tiempo que habrías empleado para desplazarte a un salón de clases tradicional. Si hacer de leer un hábito, tendrás éxito ahora y en el futuro.

## Ir a la escuela, sacar buenas calificaciones y encontrar un trabajo (con la soga al cuello)

Cada semestre, les digo a mis alumnos que un trabajo es otra forma de vivir «con la soga al cuello». Estamos condicionados a vivir de sueldo en sueldo por el resto de nuestras vidas. Demasiadas personas están descontentas con sus trabajos, pero no pueden renunciar a ellos. No estoy en contra del trabajo ni del empleo. Pero el problema es que trabajar simplemente porque quieres ganarte la vida con el dinero que te pagan no es la forma más eficaz y eficiente de ganar dinero. Si bien un empleo es un punto de partida, no deberías pasar el resto de tu vida como empleado. Si eres una de las pocas personas que disfrutas de tu trabajo ya que utilizas tu talento natural, entonces deberías ahorrar e invertir parte del dinero que ganas. En caso contrario, aprende en tu trabajo, descubre tus talentos, desarrolla tus conocimientos y ponlos en práctica. Las personas que brindan soluciones o productos que resuelven los problemas de otras personas son recompensadas con dinero. Cuantas más personas ayuden o sirvan, mayor será su recompensa económica.

Quizás te estás preguntando por qué estamos hablando de tales cosas en un libro sobre cómo desempeñarse bien en las clases en línea. ¡Tienes razón! Sin embargo, ojalá alguien me hubiera dicho esto cuando yo era estudiante. Habría invertido mi tiempo de forma más inteligente. En lugar de simplemente leer para aprobar asignaturas, habría leído más libros y me habría desarrollado como líder. Escribí este libro porque quiero que tú logres esto.

Si la razón por la que estás tomando una asignatura en línea es solo para obtener buenas calificaciones y encontrar un trabajo, debes ampliar tu visión. Si bien tener un empleo es excelente, ese es solo el comienzo. La escuela no solo te prepara para conseguir un trabajo, también te brinda las herramientas para desarrollar tu talento y aplicarlo. El éxito que tengas dependerá de qué tan bien utilices esas herramientas.

## La vida te pondrá a prueba

Siempre les digo a mis alumnos que presentar un examen en un entorno controlado es lo más fácil del mundo. Los exámenes que se presentan en aulas son fáciles porque sabes lo que se explicó en clase. Además de esto, es posible que te sea entregado un repaso y el profesor te diga cuántas preguntas tendrá el examen. Lo más importante es que se te indica de antemano cuándo y dónde presentarás este examen y los materiales que necesitarás. Cuando llega el día del examen, tienes acceso al profesor, quien puede responder a cualquier pregunta o inconsistencia que detectes en el examen. En resumen, cuentas con apoyo y te desarrollas en un ambiente propicio para el éxito.

El propósito del examen es ver si estás entendiendo el contenido de la asignatura y si estás progresando.

Por lo tanto, no cedas a la tentación de hacer trampa o copiarte. Si lo haces, solo te estás engañando a ti mismo. Si apruebas un examen sin dominar el material de estudio, solo te estás perjudicando a ti mismo. Es mejor reprobar y aprender en vez de aprobar cuando realmente no has aprendido lo suficiente. La escuela te prepara para la vida. Esto significa que, si apruebas una asignatura sin mérito, tarde o temprano, eso te alcanzará. Es posible que se te presente una oportunidad de trabajo y, en ese trabajo, tu empleador note tu falta de comprensión de la asignatura que «supuestamente» aprobaste.

La vida también quiere ponerte a prueba. A diferencia de los exámenes que presentas en la escuela, la vida no es predecible, así que no sabes cuándo te pondrá a prueba. No hay forma de hacer trampa o copiarse en los exámenes de la vida. Debes presentarlos tú solo. Para tener un buen desempeño en las pruebas de la vida, primero debes aprender cómo presentar exámenes controlados y obtener buenas calificaciones. Si no desarrollas las habilidades y la mentalidad para abordar los exámenes controlados efectivamente, no te irá bien en las pruebas de la vida.

Los exámenes controlados te califican para aprobar o reprobarte. Pero las pruebas de la vida no tienen nada que ver con las calificaciones. Lo que realmente importa es la integridad, esperanza, fe, perseverancia, tenacidad, coraje, honestidad, amor, etc. Aunque los exámenes controlados no ponen a prueba estos aspectos espirituales de nuestras vidas, desarrollarlos antes y durante los exámenes controlados te será muy útil para el futuro.

Imagínate que te despiden de tu trabajo porque la economía está mal y la empresa está perdiendo dinero. Definitivamente no te lo esperabas y tienes muchas obligaciones financieras que cubrir con tu excelente salario. Además de tus obligaciones financieras, seis personas dependen de ti y no cuentas con un permiso de trabajo adicional para solicitar un empleo alternativo. ¿Qué harías en esa situación? Esto es lo que me pasó en 2009. Contaba con una visa de trabajo restringida para extranjeros como yo. La economía estaba en tan mal estado que nadie estaba dispuesto a gastar dinero extra en los trámites necesarios para contratar a un extranjero. Para seguir legal en el país, volví a la escuela y me inscribí en un programa de MBA. Esto significó que tuve que gastar dinero que no tenía, porque no trabajaba. La prueba que me tocó vivir fue la de obedecer las leyes de inmigración de los Estados Unidos y permanecer en el país legalmente. Y lo logré con éxito. No fue fácil ni barato, pero lo logré. En el 2016, me convertí en ciudadano estadounidense, algo que me alegró mucho. Me enorgullece anunciar que aprobé ese examen.

Enfrentarás muchos desafíos en la vida y ahora, como estudiante, tienes el momento de perfeccionar y desarrollar las habilidades que necesitas para enfrentar lo que la vida te deparará. Cuando ganes las batallas ocultas de trabajo duro para aprobar tus exámenes y pruebas, serás capaz de ganar las batallas públicas, y tu recompensa también será pública.

### Tarea A ¿Cuál es tu «por qué»?

Tú eres la única persona que puede responder esta pregunta, ya que eres la única calificada para hacerlo. Atrévete a escribir aquí por qué decidiste tomar una asignatura en línea.

Decidí inscribirme en una asignatura en línea porque...

## Tarea B Explorando por qué tu «razón» es crucial

A continuación, encontrarás algunas citas poderosas que deberías memorizar para usarlas en los momentos en los que quieres renunciar. Estas citas fueron cuidadosamente seleccionadas de personas altamente exitosas de diferentes ámbitos de la sociedad. Serán una gran fuente de inspiración, aliento y motivación. Léalas con atención. Cuando lea cada cita, se te dará la oportunidad de escribir lo que entendiste de ella y cómo puedes aplicarla en tu vida como estudiante. Conserva el libro y, después de unos años, vuelve a leerlo para ver cómo ha cambiado tu percepción y cuánto has crecido como persona.

Para aprovechar este libro al máximo, te recomiendo encarecidamente que completes las siguientes actividades. Te haré preguntas sobre cada una de las citas. El propósito de las citas es ayudarte a analizar, internalizar y reflexionar sobre tu propio aprendizaje. Responde las preguntas lo mejor que puedas. No las omitas. Este libro no es solo para ayudarte a obtener buenas calificaciones; también te ayudará a tener éxito en los demás ámbitos de tu vida.

Espero que las citas pongan a trabajar tu imaginación y creatividad. La única forma de obtener un resultado diferente es haciendo cambios. Se ha dicho que «Locura es hacer lo mismo una y otra vez esperando obtener resultados diferentes». En otras palabras, no puedes esperar cosechar soja si plantas maíz año tras año. Si bien este ejemplo puede parecer absurdo, muchas personas viven sus vidas de esta forma. Desean un resultado específico pero sus acciones van en contra de lo que desean. No puedes ser un estudiante que quiere obtener buenas calificaciones, pero no estudiar o entregar trabajos tarde. Espero que reflexiones en estas citas de tal forma que penetren tu subconsciente y te ayuden a mejorar.

1. «*El que tiene un por qué vivir puede soportar casi cualquier cómo.*» -**Friedrich Nietzsche**-

   "*El trabajo duro es doloroso cuando la vida carece de propósito. «El trabajo duro es doloroso cuando la vida carece de objetivo. pero cuando se vive por algo más grande que uno mismo y la satisfacción de tu propio ego, entonces el trabajo duro se convierte en una labor de amor.*» -***Steve Pavlina***-

   a) ¿Qué te impulsa a vivir?
   b) ¿Cómo tu «por qué» te equipa a aguantarlo todo?

2. «*Los dos días más importantes de tu vida es el día en que naces y el día en que descubres por qué.*» -**Mark Twain**-

   «*Deberíamos estar decididos a vivir por algo.*» -**Winston S. Churchill**-

   «*Donde no hay visión, el pueblo se extravía.*» -**Proverbios 29:18**-

   «*La gente no compra lo que haces, ellos compran POR QUÉ lo haces.*» -**Simon Sinek**-

   a) ¿Por qué es tan importante encontrar tu «por qué»?

3. «*Curiosa es nuestra situación de hijos de la Tierra. Estamos por una breve visita y no sabemos con qué*

*fin, aunque a veces creemos presentirlo.»* **-Albert Einstein-**

a) ¿Cuál crees que es tu razón de estar aquí?
b) ¿Cómo eso ha impactado tu «por qué»?

4. «*No hay mayor regalo que puedas dar o recibir que honrar tu llamado. Es por eso que naciste. Y cómo te conviertes verdaderamente vivo.*» **-Oprah Winfrey-**

   «*El misterio de la existencia humana radica no solo en mantenerse con vida, sino en encontrar algo por lo que vivir.*» **-Fyodor Dostoyevsky-**

   «*Yo creo que cada uno de nosotros tiene una misión en la vida, y que uno no puede vivir una vida plena hasta que no reconoce esta misión y dedica tu vida a perseguirla.*» **-Blake Mycoskie-**

   a) ¿Cuál es tu vocación de vida?
   b) ¿Cómo estás honrando dicha vocación de vida?
   c) ¿Cómo se relaciona esto con tu razón para estudiar?

5. «*Nunca juzgo las acciones de un hombre hasta que conozco tus motivos.*» **-Desconocido-**

   «*Las acciones son visibles, aunque los motivos son secretos.*» **-Samuel Johnson-**

   a) ¿Por qué es fundamental conocer los motivos de las personas antes de juzgarlas?
   b) ¿Cuáles son tus motivos para tomar una asignatura en línea?

6. «*Cuando tenga ganas de rendirse, piense en por qué empezó.*» -**Desconocido**-

   «*Cuando naciste, estabas llorando y todos los demás estaban sonriendo. Vive tu vida así que al final, seas el que está sonriendo y todos los demás están llorando.*» -**Ralph Waldo Emerson**-

   «*Demasiados de nosotros no estamos viviendo nuestros sueños porque estamos viviendo nuestros miedos.*» -**Les Brown**-

   a) ¿Qué haces cuando quieres rendirte?
   b) ¿Cuáles son tus miedos?

7. «*No es un trabajo realmente a menos que usted preferiría estar haciendo otra cosa.*» -**James M. Barrie**-

   «*Es absolutamente estúpido pasar el tiempo haciendo cosas que no te gustan para poder seguir haciendo cosas que no te gustan y enseñando a tus hijos a seguir el mismo camino.*» -**Alan Watts**-

   a) ¿La escuela es un «trabajo» para ti?
   b) ¿Qué preferirías estar haciendo en lugar de tomar clases?

8. «*Nunca es demasiado tarde para ser lo que podrías haber sido.*» -**George Eliot**-

   «*No esperes; el tiempo nunca va a ser el adecuado.*» -**Napoleon Hill**-

   a) ¿Por qué elegiste estudiar en este momento de tu vida?

9. «*No busque directamente el éxito —cuanto más lo busca y lo convierten en un objetivo, más se va a perder—. El éxito, como la felicidad, no puede ser perseguido; debe producirse, y sólo ocurre como el efecto secundario no deseado de la dedicación a una causa mayor que uno mismo, o como un producto de la propia entrega a una persona que no sea uno mismo. La felicidad debe suceder, y lo mismo vale para el éxito: hay que dejar que suceda sin preocuparse por ello. Quiero que escuches lo que tu conciencia te ordena hacer, ve y llévalo a cabo con lo mejor de tu conocimiento. Entonces verás que en el largo plazo —¡y digo, en el largo plazo!—, el éxito te seguirá, precisamente porque te has olvidado de pensar en él.*»
**-Victor Frankl-**

   a) ¿Por qué no es aconsejable perseguir el éxito?
   b) ¿Qué estás persiguiendo?

10. «*¿Por qué te levantaste de la cama esta mañana? ¿Y por qué deberías importarle a alguien?*» **-Simon Sinek-**

   a) ¿Por qué decidiste leer este libro?

## Pensamientos finales

Sin un «por qué», no tiene sentido hacer nada. Si no has formulado un «por qué» sólido para cualquier cosa que estés haciendo, no tendrás éxito porque, cuando lleguen las pruebas y tribulaciones, te rendirás. Muchas personas fracasan porque no arrancaron con la meta final en mente. Cuando tu motivación es sólida, piensas en la meta desde el comienzo. Por lo tanto, debes tener una excelente razón para estudiar. Las personas no tienen éxito en la vida simplemente haciendo lo mismo. Por ende, tenemos que ser intencionales, concentrados, determinados y persistentes. No pasa nada si aún no has determinado tu «por qué». Pero asegúrate de hacerlo antes de continuar con la siguiente sección del libro.

## Capítulo 2

# Flexibilidad no es sinónimo de fácil

*«La capacidad de reconocer oportunidades y moverse en direcciones nuevas, y a veces inesperadas, lo beneficiará sin importar tus intereses o aspiraciones. Las artes liberales equipan a los estudiantes para tal flexibilidad e imaginación.»* -**Drew Gilpin Faust**-

*Secreto #2 - No confundas flexibilidad con facilidad.* ***La flexibilidad simplemente significa que puedes trabajar dónde, cuándo y cómo quieras.***

Durante todos estos años que he enseñado en línea, he visto estudiantes de todos los ámbitos de la sociedad y de diferentes orígenes. Los estudiantes que tienen un buen desempeño son aquellos que entienden qué es la flexibilidad y cómo usarla correctamente. Aquellos que se desempeñan mal tienen una visión distorsionada de la flexibilidad, y esto perjudica sus estudios a largo plazo. El hecho de que estás estudiando en línea y puedes entregar cualquier tarea cuándo y cómo quieras no significa que debes hacerte la vista gorda. Aún debes respetar las normas y cumplir con los plazos. Si no sigues estos plazos e instrucciones, no tendrás éxito en cualquier asignatura que tome.

Estás leyendo este libro porque quieres tener un buen desempeño. Debes tomar la información que comparto en este libro en serio porque determinará qué tan bien te desempeñarás en tus asignaturas en línea. Escribí este libro para ayudarte a alcanzar el éxito. Si quieres tener un buen desempeño, debes aprender a administrar la flexibilidad característica de las asignaturas en línea.

La razón número uno por la que las personas toman asignaturas en línea es por dicha flexibilidad. Vivimos en una época en la que la gente está muy ocupada. Muchas personas intentan hacer muchas actividades diferentes y competitivas en el tiempo que tienen disponible. De ahí la necesidad de la flexibilidad que brindan las asignaturas en línea.

Me resultó curioso que, mientras escribía esta parte del libro, mi esposa mencionó que quería renovar su certificación de reanimación cardiopulmonar (RCP). El problema es que quería obtener su certificación en un lugar físico. Le estaba costando encontrar un horario de clases que fuera favorable y funcionara para ella. Fue entonces cuando le sugerí que verificara los horarios en línea. Investigó y encontró una empresa que ofrecía el curso en línea. De hecho, costaba un 80% menos que el presencial. Decidió tomar el curso desde la comodidad de nuestro hogar sin tener que lidiar con el tráfico ni preocuparse por su agenda apretada. La cereza del postre es que logró ahorrar mucho dinero.

## Los beneficios de la flexibilidad de las asignaturas en línea son enormes

Comencemos con las buenas noticias. La flexibilidad que caracteriza las asignaturas en línea tiene muchos beneficios.

*No tienes que desplazarte para estudiar.* Muchos estudiantes tienen que abandonar sus países de nacimiento y viajar miles de millas a países extranjeros para recibir una educación de nivel mundial. Eso ya no será necesario debido a la flexibilidad del aprendizaje en línea. Todo lo que necesitas es una computadora o dispositivo electrónico adecuado y conectado a Internet para estudiar en línea. Si tienes acceso a asignaturas en línea, puedes estudiar desde cualquier parte del mundo. Esto limitará, o incluso eliminará, la necesidad de salir de casa y viajar a países lejanos donde quizás no te sientas cómodo.

Me fui de casa a los 11 años para ir a la escuela secundaria porque en mi pueblo no había escuela secundaria. La escuela quedaba a unas 35 millas de mi casa. Para llegar a la escuela, tuvimos que caminar a pie. Este viaje tomaba más de ocho horas. Mientras caminábamos, teníamos que cargar nuestros útiles escolares. Cuando nos inscribimos en el internado, tuvimos que pasar cuatro meses allí antes de poder regresar a casa para unas cortas vacaciones. Para un niño de once años, esto es más que estresante y traumático. Recuerdo que no pude dormir las primeras noches que pasé en el internado. Si hubiéramos tenido acceso a Internet en casa, tal vez pudiéramos habernos quedado en casa y estudiado en línea.

*Puedes estudiar en cualquier lugar, en cualquier momento y de la forma que quieras.* Todo lo que necesitas es una conexión a Internet estable para estudiar en línea. Así podrás estudiar cuándo quieras, cómo quieras y dónde quieras. Puede hacer tus tareas hasta en la playa. Las limitaciones de tiempo y espacio desaparecen en la educación en línea. Incluso puedes completar tus estudios mientras viajas por carretera, siempre y cuando tengas acceso a una conexión a Internet estable.

*No estás atado a ninguna ubicación geográfica.* La ubicación ya no es un factor determinante en tu habilidad para estudiar. Algunos de los estudiantes que tomaron mis asignaturas en línea estaban en el ejército, desplegados en el extranjero. Sin embargo, pudieron seguir estudiando sin ningún problema. Muchos estudiantes internacionales que viven fuera de los Estados Unidos han tomado mis asignaturas. En el pasado, la gente estudiaba por correo, pero eso era muy lento y requería mucho tiempo. Afortunadamente, el entorno en línea ha facilitado todo. Por ejemplo, los estudiantes pueden recibir comentarios sobre sus tareas casi de inmediato, unas pocas horas después de entregarlas.

*Te permite hacer otras actividades.* La flexibilidad del aprendizaje electrónico te permite seguir estudiando, aprendiendo y creciendo en otras áreas. Una de las principales razones por las que las personas dejan de ir a la escuela es un conflicto en su horario o la falta de capacidad para ausentarse del trabajo y volver a la escuela. Estos factores ya no son un problema porque las asignaturas en línea son flexibles hasta el punto en que puedes tomarlas aún si eres un empleado a tiempo completo, un ama de casa o un atleta profesional. Por lo tanto, ahora puedes estudiar sin importar dónde te encuentres o tu situación particular.

*Ahorras tiempo y dinero.* Si vives en una ciudad ajetreada, tienes que desplazarte a la clase. Los estudiantes en línea pueden usar el tiempo que se ahorran en los viajes para hacer muchas otras cosas. Para desplazarte, gastas más en gasolina y tu automóvil se desgasta, además de que debes recordar que pones tu vida en riesgo cada vez que conduces. Pero tomar asignaturas en línea te permite ahorrar gasolina y no tienes ninguna posibilidad de verte involucrado en un accidente.

## La desventaja de la flexibilidad

Siempre hay otra cara de la moneda. Por un lado, la flexibilidad de las asignaturas en línea tiene muchos beneficios, como acabamos de explicar. Pero también debemos considerar sus posibles inconvenientes. Escribí este libro para ayudarte a manejar algunas de estas desventajas.

*La procrastinación acaba con todo* Dado que las asignaturas en línea son flexibles, algunos estudiantes dejan su trabajo para última hora. Después de todo, creen que simplemente pueden completar y entregar la tarea mañana. Pero ese mañana se convierte en otro mañana. La semana termina, y no terminan sus tareas. Cada semestre, muchos de mis estudiantes continuamente se retrasan en la entrega de sus tareas. Asumen que tienen toda la semana para terminar sus tareas, posponen las cosas y luego no entregan sus tareas antes del plazo máximo. Si quieres desempeñarte bien en tus asignaturas en línea, debes terminar tus tareas lo antes posible. No esperes para entregarlas en la fecha de entrega. Pueden suceder muchas cosas que podrían llevarte a no cumplir con los plazos. Lo mejor que puedes hacer es mantenerte al día y hacer tus tareas lo antes posible.

*Cuidado con las distracciones* La flexibilidad de estudiar en línea te permite hacer tus tareas desde cualquier lugar y en cualquier momento. Pero el peligro radica en tener la falsa impresión de que se dispone de más tiempo del que realmente se dispone. La semana pasa rápido y, puedes retrasarse sin siquiera darte cuenta. Tienes que tomar tus asignaturas en serio y tener cuidado con las distracciones. Asegúrate de seguir una rutina. Si no, será un desafío para ti terminar tus tareas.

*Quien mucho abarca poco aprieta:* Suponer que las asignaturas en línea son fáciles y que no tienes que esforzarse mucho para aprobar hace que algunas personas abarquen más de lo que pueden manejar. Te vuelvo a repetir que no estás estudiando solo para aprobar asignaturas lo más rápido posible. No aprender, sino simplemente «aprobar» asignaturas, te terminará afectando. No tomes más asignaturas de las que puedes tomar según el tiempo que dispones - debes realmente dedicarte a las asignaturas que tomas.

Para tener un buen desempeño, debes dedicar suficiente tiempo y esfuerzo para entregar trabajo de calidad, según se requiera para cada asignatura.

*El mito de la multitarea:* La flexibilidad de las asignaturas en línea hace que algunos estudiantes asuman que pueden hacer varias tareas a la vez y terminar las tareas de la asignatura. La multitarea es la capacidad para realizar más de una tarea o actividad al mismo tiempo. Por ejemplo, puedes estar conduciendo e intentando comer, maquillarte y responder a tus llamadas. Aunque parezca que hacer varias tareas al mismo tiempo puede maximizar tu tiempo, realmente divide tu enfoque y es contraproducente. No solo los estudiantes en línea intentan realizar múltiples tareas a la vez. Aquellos que toman clases en aulas tradicionales también deben prestar atención. A menudo veo estudiantes en mi clase con auriculares puestos, escuchando música y tratando de seguir la clase al mismo tiempo. A estos estudiantes no les va bien. Asegúrate de prestar toda tu atención a tus estudios; no intentes presentar un examen en medio de una fiesta, por ejemplo.

## El bloqueo de tiempo te facilitará las cosas

A continuación, comparto algo que tiene el poder de cambiar tu vida y ayudarte a alcanzar el éxito. Creo en brindar soluciones a los problemas. Aquí le echaré un vistazo a una solución que ayudará a resolver los inconvenientes de la flexibilidad.

Una forma de aprovechar tu tiempo al máximo es mediante el bloqueo de tiempo.

Jory MacKay, en su artículo titulado «Bloqueo de tiempo 101: una guía paso a paso para aprovechar tu tiempo al máximo» define el bloqueo de tiempo de la siguiente manera:

«El bloqueo de tiempo es la práctica de planificar cada momento del día con anticipación y dedicar «bloques» de tiempo para determinadas tareas y responsabilidades. Mientras que una lista estándar de tareas pendientes te indica lo que debes hacer, el bloqueo de tiempo te indica cuándo harás cada cosa.» [1].

Cuando apartas tiempo para hacer una tarea específica, te comprometes y haces la tarea dentro del plazo previsto. Esto asegurará que terminarás tus tareas. Por ende, no te retrasarás. Te recomiendo encarecidamente que leas el artículo de Jory MacKay si aún no estás usando esta práctica. El tiempo es uno de los recursos más valiosos que tenemos; debes vigilar el tuyo y usarlo con prudencia si quieres tener éxito. Y no solo como estudiante, sino en todas las áreas de tu vida.

## La flexibilidad no rendirá frutos por sí sola

Lo que quiero que entiendas es que la flexibilidad no dará resultados por sí sola. Sí, puedes tomar clases en línea

---

[1] 9 de julio de 2019, por: Jory MacKay, «Bloqueo de tiempo 101: Una guía paso a paso para aprovechar tu tiempo al máximo» https://blog.rescuetime.com/time-blocking-101/

desde cualquier lugar, de cualquier forma y en cualquier momento. Pero tienes que estudiar para tener éxito. Si no apartas tiempo para tus estudios, no lo alcanzarás. Aunque la flexibilidad es útil, solo rendirás frutos si te esfuerzas. La mejor forma de derrotar la procrastinación es no dejar las cosas para después. Tienes que decirte a ti mismo que la flexibilidad no significa que tienes tiempo ilimitado. Por el contrario, debes aprender a administrar bien tu tiempo si quieres tener éxito en tus asignaturas en línea. Lo que debes aprender de este capítulo es que el tiempo es limitado. El hecho de que tengas un horario flexible no significa que los días tienen más horas. Todos tenemos un número finito de horas en nuestro día, y debemos aprender a darles buen uso para tener éxito.

## Tarea: Como manejar la flexibilidad

Como hice en el capítulo 1, quiero compartir contigo citas que fueron cuidadosamente seleccionadas de personas altamente exitosas de diferentes ámbitos de la sociedad para inspirar y motivarte. Te haré preguntas relacionadas con cada cita para ayudarte a desarrollar tu capacidad de reflexión. Responde las preguntas lo mejor que puedas. No las omitas.

1. *«La capacidad de reconocer oportunidades y moverse en direcciones nuevas, y a veces inesperadas, lo beneficiará sin importar tus intereses o aspiraciones. Las artes liberales equipan a los estudiantes para tal flexibilidad e imaginación.»* **-Drew Gilpin Faust-**

    *«Creo que es importante tener claro que trabajar desde casa es (o debería ser) igual que trabajar desde cualquier otra parte en cuanto a ritmos y*

*productividad, así que en primer lugar es importante mantener el horario de trabajo y de pausas para comer, por ejemplo.»* **-Anne Wojcicki-**

*«Vivimos en un mundo diferente ahora en términos de las necesidades de los empleados, y las empresas tienen que ofrecer métodos alternativos para trabajar. Incluso en las circunstancias más difíciles, puede tener flexibilidad creativa.»* **-Anne M. Mulcahy-**

a) ¿Por qué es necesaria la flexibilidad?
b) ¿Por qué es importante ser flexible en tus estudios?

2. *«A pesar de mis convicciones firmes, yo he sido siempre un hombre que intenta enfrentar los hechos, y aceptar la realidad de la vida con la nueva experiencia y el nuevo conocimiento que trae. Yo siempre he tenido una mente abierta que necesariamente debes ir, junto a la flexibilidad, de la mano con cada persona que de forma inteligente busca la verdad.»* **-Malcolm X-**

a) ¿Tienes la mente abierta?
b) ¿Cuándo fue la última vez que aprendiste algo nuevo?

3. *«Para las empresas, la flexibilidad es imprescindible para enfrentar las fluctuaciones de la demanda y seguir siendo competitivas, y las personas deben ser capaces de desarrollar actitudes adaptables para adoptar rápidamente las condiciones comerciales en evolución, las nuevas oportunidades comerciales y las estrategias cambiantes.»* **-Alain Dehaze-**

*«La medida de la inteligencia es la capacidad de cambiar.»* **-Albert Einstein-**

*«Lo maleable es siempre superior a lo inamovible. Según este principio, el control de las cosas se obtiene colaborando con ellas, y la supremacía se logra mediante la adaptación.»* **-Lao Tse-**

    a) ¿Eres una persona que se adapta fácilmente?
    b) ¿Por qué es fundamental ser una persona que se adapta fácilmente?

4. *«El sello distintivo de las personas creativas es su flexibilidad mental... A veces son abiertos e inquisitivos, y otras veces son juguetones y extravagantes. Y en otras ocasiones, son críticas y detectan fallas. Y, finalmente, son obstinadamente persistentes en su esfuerzo por alcanzar sus metas.»* **-Roger von Oech-**

*«Incluso en las circunstancias más difíciles puede tener flexibilidad creativa.»* **-Anne M. Mulcahy-**

*«La conciencia es el material más flexible del mundo. Aunque quizá hoy no puedas estirarlo tanto, mañana puede tapar una montaña.»* **-Edward G. Bulwer-Lytton-**

    a) ¿Qué significa ser «mentalmente flexible»?
    b) ¿Por qué es importante ser persistente?

5. *«Aprendemos flexibilidad y adaptabilidad.»* **-John Roper-**

*«Los que mejor desempeño tienen ven la capacidad de manejar el cambio como una necesidad para cumplir tus misiones.»* **-Charles A. Garfield-**

*«¡Bienaventurados los flexibles, porque no se permitirán deformarse!»* **-Robert Ludlum-**

*«La adaptabilidad no es imitación. Significa poder de resistencia y asimilación.»* **-Mahatma Gandhi-**

    a) En una escala del 1 al 10, ¿cómo calificarías tu flexibilidad y adaptabilidad?
    b) ¿Por qué es importante ser flexible y adaptable?

6. *«La libertad implica siempre "posibilidades", esto da a la libertad tu gran flexibilidad, tu fascinación y tus riesgos.»* **-Rollo May-**

    a) ¿Cuáles son algunos de los peligros asociados con la libertad?
    b) ¿Qué peligros debes considerar como estudiante?

7. *«Sea flexible, pero no se olvide de sus principios.»* **-Eleanor Roosevelt-**

*«Los verdaderos líderes se hacen accesibles y disponibles. Ellos muestran preocupación por los esfuerzos y los retos que enfrentan tus colaboradores… al tiempo que exigen un alto nivel de desempeño. En consecuencia, los líderes genuinos son más proclives a crear un clima en el que evaluar problemas reemplaza buscar culpables.»* **-Colin Powell-**

    a) ¿Cuáles son los principios que rigen tu vida?

8. *«Manténgase comprometido con sus decisiones, pero manténgase flexible en su enfoque.»* -**Tony Robbins**-

   *«Que nadie piense que la flexibilidad y la predisposición al compromiso es una señal de debilidad o de venderse.»* -**Paul Kagame**-

   a) ¿Cuáles son algunas de las decisiones que has tomado para cambiar tu vida?
   b) ¿Por qué es importante ser flexible en la ejecución de tus decisiones?

9. *«Somos tercos en la visión. Somos flexibles en los detalles.»* -**Jeff Bezos**-

   a) ¿Por qué debes ser terco con tu visión?
   b) ¿Por qué es necesaria la flexibilidad en los detalles de la visión?

10. *«El arte de la vida radica en un constante reajuste a nuestro entorno.»* -**Kakuzo Okakura**-

    a) a) ¿Cuáles son algunos de los ajustes que haces regularmente?
    b) ¿Por qué es fundamental hacer ajustes continuamente?

## Pensamientos finales

Es excelente tener una motivación clara para estudiar en línea, así como también una visión sólida. Pero sin flexibilidad, maleabilidad y ajustes constantes, quizás no logres tus metas. La flexibilidad está impulsada por la humildad y la disposición para seguir aprendiendo y cambiando. Aunque no estás dispuesto a cambiar tus principios, creencias y visión, recuerda que debes ser flexible con lo demás.

# Capítulo 3

# Tu actitud determinará cuán lejos llegarás

*«Tu actitud, no tu aptitud, determinará tu altitud.»* **-Zig Ziglar-**

*«La actitud es una pequeña cosa que hace una gran diferencia.»* **-Winston Churchill-**

*«La debilidad de actitud se vuelve debilidad de carácter.»* **-Albert Einstein-**

*Secreto #3 - Lo que importa no es lo que te sucede. La forma cómo reaccionas a eso determinará los resultados que obtendrás.*

Cada semestre, permito que un estudiante se ofrezca como voluntario para dar una presentación sobre la actitud.

El objetivo de este ejercicio es ayudar al alumno a reevaluar lo que sabe sobre la actitud y a pensar en cómo desarrollar una mentalidad adecuada. El primer encuentro suele ser estresante, ya que el profesor y los estudiantes no se conocen y no tienen ni idea de qué esperar. Pero lo que marca una gran diferencia es tener la actitud correcta, que es algo que todos somos capaces de hacer cuando nos esforzamos.

Aconsejo a los estudiantes a hacer lo que aprendí cuando era estudiante. Desde el primer día, tomé la decisión de que todos mis profesores me agradarían, sin importar cómo fueran. Esto no significa que mis profesores fueron los seres humanos más inteligentes, mejor educados o considerados del planeta. Si bien hay un lugar y un momento para exigir un cambio, con la actitud correcta, puedes manejar cualquier circunstancia o situación en la que te encuentres.

Mi actitud fue: «Estoy aquí para estudiar, y el profesor está aquí para enseñarme. Por lo tanto, haré todo lo que esté a mi alcance para comprender al profesor y darle lo que exige de mí». En otras palabras, haré todo lo que esté a mi alcance para comprender y seguir todas las instrucciones. Prestaré atención en clase, entregaré las tareas a tiempo y, si la asignatura es desafiante o difícil, no culparé al profesor por no hacer un buen trabajo. Yo soy el único responsable de mi desempeño. No podía cambiar al profesor, pero tenía el poder de cambiar mi respuesta hacia ellos.

## Tu actitud es más importante de lo que crees

La primera vez que muchas personas escuchan hablar sobre la actitud, generalmente la asocian con la negatividad. Por ejemplo, es posible que hayas escuchado a alguien decirte que tienes «una mala actitud», especialmente de niño. Hay una «buena actitud» y una «mala actitud». No tengo tiempo para extenderme sobre el tema. Lo que sí puedo decirte es que algunos estudiantes tienen una mala actitud porque creen que tienen privilegios. Estos estudiantes prácticamente dicen: «Pagué por esta asignatura y merezco las mejores calificaciones, sin importar si me esfuerzo por ellas o no. Tuve excelentes calificaciones en química y debo tener excelentes calificaciones en biología. Es culpa del profesor si no me va bien. Si el profesor estuviera haciendo su trabajo, aprobaría sin ninguna dificultad. Merezco tener excelentes calificaciones, me esfuerce por ello o no».

No es de extrañar que algunos estudiantes tengan dificultades para aprobar sus asignaturas, porque tienen una mala actitud.

## Asume la responsabilidad de tu vida
Es tu vida, y nadie le importará más que tú. No permitas que la opinión de los demás determine lo que haces o dejas de hacer con tu vida. Debes concentrarte en el «por qué» decidiste tomar la asignatura, sin importar lo que haga tu profesor; deja que tu «por qué» sea tu guía. Esto pone de manifiesto la importancia de tener una razón bien formulada para estudiar y tomar asignaturas en línea. Sin la motivación correcta, no tendrá una actitud correcta. Asume responsabilidad cuando entiendes que todo depende de ti. Pase lo que pase, no culpes a otras personas. Incluso cuando el profesor realmente es culpable o la asignatura no es lo que esperabas, debes asumir la responsabilidad por no haber hecho de tu parte.

¿Por qué quieres ceder el control a otras personas y a tus propias circunstancias? Así no piensan los campeones y ganadores. Aquellos que triunfan y tienen éxito lo hacen porque asumen toda la responsabilidad por lo que pasa en tus vidas. Solo pueden influir en los resultados que obtienen si asumen el 100% de la responsabilidad.

## Desarrolla una actitud positiva
Desarrollar una actitud positiva cambiará tu percepción de la vida. Esta actitud te será muy útil en tus estudios. Nadie puede desarrollar este tipo de mentalidad por ti, y tampoco podrás hacerlo de la noche a la mañana. Debes esforzarte y

ser intencional. Este libro es solo uno de los tantos recursos que necesitarás para desarrollar este tipo de actitud ganadora. No importa qué asignatura estés tomando o quién la esté enseñando, te irá bien cuando tengas una actitud positiva y creas que puede hacerlo. Esto no significa que debes ser jactancioso, orgulloso y arrogante. Simplemente significa que crees firmemente en las capacidades que Dios te dio, que harás lo que sea necesario para aprobar cualquier asignatura que esté tomando. Para beneficiarte de esta actitud positiva, debes rodearte de las personas adecuadas, leer los libros adecuados y escuchar la música adecuada. La información que consumes alimenta tu actitud.

Usaré la metáfora del vaso vacío para explicarte cómo puedes desarrollar una actitud positiva. Una actitud positiva es una actitud ganadora... y te hará imparable.

***El vaso no está vacío hasta que aceptas que está vacío.*** Tu realidad se basa en lo que crees sobre ti mismo. Pero lo que te llevará al éxito es tu filosofía de vida. ¿Cuál es tu filosofía de vida? ¿Te consideras a ti mismo un vencedor o una víctima? ¡Sí! La forma en que te percibes a ti mismo determinará el éxito que tendrás en tus estudios y en todas las demás áreas de tu vida. ***Si sigues diciendo que no puedes, entonces no podrás.*** Nunca podrás aprobar esa asignatura que estás tomando. Nunca alcanzarás tus metas de ejercicio. Empieza a creer que puedes. Te darás cuenta de que realmente puedes porque siempre harás lo que te propongas.

**Tus expectativas determinan cómo respondes a los vasos vacíos y tu respuesta determina la acción que tomarás.** Si crees que alguien te debe algo y que tienes derecho a un vaso lleno, te sentirás tentado a quejarte y rendirte. Lo triste es que te perderás la oportunidad que presenta el vaso vacío. La oportunidad es la de llenar el vaso con el líquido de tu elección. ¡Un vaso vacío es un desafío que te llevará a hacerte cargo de tu vida! Hasta que no lo hagas, no triunfarás en tus proyectos. Tienes la responsabilidad de aprovechar la asignatura que estás tomando al máximo.

**El desafío no es que te hayan dado un vaso vacío.** Tu idea preconcebida sobre el vaso vacío es lo que se interpone en tu camino. Tu reacción al vacío del vaso es lo que te impide maximizar tu oportunidad. Un vaso vacío permanecerá vacío mientras te concentres en el vacío. ***Cuando comiences a darte cuenta del potencial de un vaso vacío, comenzarás a aprovechar lo que ya tienes.*** Tienes lo que tienes; la única forma de tener éxito es usándolo. No necesitas nada más; solo equípate para mejorar. ¿Por qué no empiezas con tu propia actitud ante la situación?

Según John Maxwell, ***«Las habilidades relacionales son las más importantes en el liderazgo. Los líderes deben estar lo suficientemente cerca como para relacionarse con los demás, pero lo suficientemente lejos para motivarlos».*** ¿Cómo te relacionas con los demás? ¿Eres alguien con quien a la gente le gusta estar? ¿Las personas a menudo acuden a ti en busca de ayuda? ***Para mejorar tus habilidades interpersonales, debes comenzar a creer que TODAS las personas merecen ser tratadas con respeto.*** *En segundo lugar, debes creer que puedes marcar la diferencia en la vida de otras personas.* Empieza a llenar el vaso de tus habilidades interpersonales hoy y, a tu debido tiempo, comenzarás a atraer gente hacia ti.

Algunas de las asignaturas requieren que trabajes en equipo con otros estudiantes para completar un trabajo final. Esta es una oportunidad para practicar tus habilidades de liderazgo y perfeccionar tus habilidades interpersonales. Necesitarás esta habilidad crucial después de graduarte.

*«El éxito o el fracaso depende más de la actitud que de la capacidad. Los hombres exitosos actúan como si hubieran logrado o estuvieran disfrutando de algo. Pronto se convierte en realidad. Actúe, mire, siéntase exitoso, y los resultados lo sorprenderán».* **-William James-**

## Tarea: Cómo desarrollar la actitud correcta

1. *«No, no controlamos quiénes son nuestros padres. No controlamos de qué color somos. No controlamos en qué hogar nacemos. Pero controlamos nuestra actitud. Controlamos nuestra ética de trabajo. Controlamos nuestro impulso y nuestro compromiso.»* **-Dabo Swinney-**

   a) ¿Por qué es importante concentrarse en las cosas que puedes controlar?

2. *«Lo notable es que tenemos una opción diaria respecto a la actitud que adoptaremos para ese día.»* **-Charles R. Swindoll-**

   *«Tu actitud es como una caja de crayones que colorean tu mundo. Colorea tu cuadro constantemente de gris y tu imagen siempre será sombría. Agrégale colores vibrantes, incluyendo humor, y tu mundo se iluminará.»* **-Allen Klein-**

   a) ¿Qué haces cada mañana para empezar el día con la actitud correcta?

b) ¿Por qué es fundamental empezar el día con una actitud positiva?

3. «*No me dejo llevar ni cambio mi actitud por lo que dice la gente. Al final del día, ellos también me están juzgando desde su perspectiva. Prefiero ser yo mismo y dejar que la gente me acepte por lo que soy que ser alguien que no soy solo porque quiero la aprobación de la gente.*» **-Karan Patel-**

   a) Da un ejemplo de un momento en el que cambiaste tu actitud debido a otra persona.
   b) ¿Qué significa para ti ser tú mismo?

4. «*Creo que la vida es difícil. La gente tiene desafíos.*

   *Los miembros de la familia se enferman, las personas envejecen, no consigues el trabajo o la promoción que deseas. Tienes conflictos en tu vida. Y, en realidad, la vida es acerca de tu resistencia y capacidad para vivir tu vida y todos los altibajos con una actitud positiva.*» **-Jennifer Hyman-**

   «*Mi actitud es: si me empujas hacia algo que crees que es una de mis debilidades, entonces convertiré esa debilidad percibida en una fortaleza*». **-Michael Jordan-**

   a) ¿Cómo podrías desarrollar tu resiliencia?

5. «*La actitud es más importante que el pasado, que la educación, que el dinero, que las circunstancias, que lo que la gente hace o dice. Es más importante que la apariencia, el talento o las habilidades.*» **-Charles R. Swindoll-**

a) ¿Por qué tu actitud es más importante que tu educación?
6. «*Una actitud positiva provoca una reacción en cadena de pensamientos, eventos y resultados. Es un catalizador y desata extraordinarios resultados.*» **-Wade Boggs-**

   «*La gente puede escuchar tus palabras, pero sienten tu actitud.*» **-John C. Maxwell-**

   «*Con una actitud mental positiva, el fracaso es una experiencia de aprendizaje, un peldaño en la escalera, una meseta para poner tus pensamientos en orden y prepararte para intentarlo de nuevo.*» **-W. Clement Stone-**

   a) ¿Por qué es vital tener una actitud positiva?
   b) ¿Puedes triunfar sin una actitud positiva? ¿Por qué o por qué no?

7. «*¡Seguiré sonriendo, seré positivo y nunca me rendiré!*

   *Daré el 100 por ciento cada vez que juegue. Estas son siempre mis metas y mi actitud.*» **-Yani Tseng-**

   a) ¿Das el 100% en todo lo que haces?
   b) ¿Por qué es fundamental no rendirse nunca?

8. «*Si no te gusta algo, cámbialo. Si no puedes hacerlo, cambia tu actitud.*» **-Maya Angelou-**

   a) ¿Cuándo fue la última vez que cambiaste tu actitud respecto a algo?
   b) ¿Cuáles son algunas de las cosas de tu vida que no puedes cambiar?

9. «*Cualquier hecho al que nos enfrentamos no es tan importante como nuestra actitud hacia él, porque eso determina nuestro éxito o fracaso. La manera en que piensas acerca de un hecho puede derrotarte antes de que hagas algo al respecto.*» **-Norman Vincent Peale-**

   «*Adoptar la actitud correcta puede convertir un estrés negativo en positivo.*» **-Hans Selye-**

   «*Mi actitud general ante la vida es disfrutar de cada minuto de cada día. Nunca hago nada con un sentimiento de, «Oh Dios, tengo que hacer esto hoy».*» **-Richard Branson-**

   a) ¿Por qué nuestros pensamientos son tan importantes?
   b) ¿Cómo controlas los pensamientos negativos?

10. «*Creo que una actitud de confianza y una actitud paciente van de la mano. Ves, cuando te dejas ir y aprendes a confiar en Dios, se libera alegría en tu vida. Y cuando confías en Dios, eres capaz de ser más paciente. La paciencia no sólo se trata de esperar por algo, se trata de cómo esperas o de tu actitud mientras esperas.*» **-Joyce Meyer-**

    a) ¿Confías en Dios?
    b) Da un ejemplo de una situación en la que esperaste pacientemente.
    c) ¿Cómo podría afectar esto a tus estudios?

## Pensamientos finales

Tu actitud te hará triunfar o fracasar. Evita tener una actitud negativa, porque te afectará en cada paso que des.

Para tener éxito en tus estudios y en todas las demás áreas de tu vida, debes desarrollar una actitud mental positiva. Como todo lo bueno de la vida, tendrás que esforzarte para desarrollar una actitud positiva. La mejor manera de hacerlo es desarrollando hábitos diarios que ayuden a convertir el pensamiento positivo en un hábito. Por ejemplo, se recomienda escribir cinco cosas por las que estés genuinamente agradecido al levantarte por las mañanas. Siempre hay algo por lo que estar agradecido, sin importar por lo que estés pasando. Recuerda que tienes el poder de elegir una actitud positiva. ¡Hazlo todos los días!

## Capítulo 4

# El trabajo duro rinde frutos

*«Si asumes la responsabilidad por ti mismo, desarrollarás el hambre para lograr tus sueños.»* **-Les Brown-**

*«Para ser campeón, creo que tienes que ver la imagen completa. No es sobre ganar y perder; es el trabajo duro diario y prosperar en un desafío. Se trata de aprovechar el dolor que experimentarás al final de una carrera y no tener miedo. Creo que las personas piensan demasiado y tienen miedo de cierto desafío.»* **-Summer Sanders-**

*«A través del trabajo duro, la perseverancia y la fe en Dios, puedes vivir tus sueños.»* **-Ben Carson-**

### *Secreto #4. El trabajo duro siempre rinde frutos y el trabajo inteligente aún más*

No tengo palabras únicas de sabiduría para ti. Hablamos de la importancia de conocer tu «por qué»; cuando descubras qué te motiva, podrás superar cualquier obstáculo que encuentres en el camino. La única forma de tener un buen desempeño como estudiante en línea es trabajar duro e inteligente. Estoy seguro de que has escuchado que el trabajo duro rinde frutos. Ahora es el momento de poner esto en práctica porque, sin trabajo duro, no serás un estudiante exitoso. Tienes que asegurarte de no desarrollar el hábito de la mediocridad, ya que esto puede afectar otras áreas de tu vida. Lo que distingue a las personas es la capacidad de crear hábitos que sean transferibles a diferentes áreas de sus vidas. Una de las prácticas que te beneficiarán enormemente es el trabajo duro. Ser una persona trabajadora te ayudará a triunfar.

Muchos estudiantes que tienen un buen desempeño en la escuela y más allá han dominado el hábito del trabajo duro. No solo obtienen buenas calificaciones. Trabajan duro para desarrollar sus habilidades interpersonales y en muchas otras áreas de sus vidas. Estos son los estudiantes que no esperan terminar tu carrera o asignatura de estudio para conseguir un trabajo y dar lo mejor de sí. Cultivaron el hábito del trabajo duro y saben que deben esforzarse.

Si quieres ser un estudiante en línea exitoso, y tener éxito en otras áreas de tu vida, debes trabajar duro. Con una razón definida y bien formulada, con trabajo duro e inteligente, es probable que logre cualquier sueño u objetivo que te propongas.

**¿Qué calificación deseas obtener?**
Cada semestre, les hago esta pregunta a mis estudiantes para relacionarla con el trabajo duro. La mayoría de los estudiantes quieren sacar una A, la mejor calificación, en mi asignatura. Desear una A no tiene nada de malo. De hecho, todos los estudiantes deberían aspirar a eso. A menudo me pregunto por qué algunos estudiantes dirían que quieren una B. ¿Por qué no aspirar a lo mejor? Se supone que debemos aspirar a lograr lo mejor. Si no puedes aspirar a obtener una A, entonces puedes terminar reprobando. Desear una A es el primer paso, así como también el más fácil. Es algo que todos pueden hacer. Quizá has escuchado que debes soñar en grande. Todos podemos hacerlo porque soñar no cuesta nada. No cuesta nada desear o soñar ser

un estudiante que obtiene solo A. Por esa razón, debes reprogramar tu intención. Deja de desear «solo aprobar» la asignatura. Puede hacer mucho más que aprobarla. Tener una mentalidad de «sobreviviente» afectará negativamente otras áreas de tu vida y te impedirá ser un gran triunfador. Empieza el semestre con la intención correcta. Ten la intención de aprobar con las mejores calificaciones. Es mejor apuntar a las estrellas y querer alcanzar la luna.

Les digo a mis alumnos que reprobé química cuatro veces. Independientemente de lo que hiciera, no lograba aprobar la asignatura. De hecho, solo lo logré el último año de universidad. Desaprobar esa asignatura cuatro veces también afectó significativamente mi promedio general. Me fue bien en geología y obtuve una A, pero me costó mucho aprobar química. Tuve dificultades con la química por muchas razones. Por ejemplo, cuando estuve en la escuela secundaria, los disturbios políticos que ocurrieron en Camerún afectaron nuestros estudios. Debido a los disturbios, no cubrimos el programa de estudios requerido. Además de la agitación política, mi familia atravesó problemas económicos. Esto significó que fui enviado a la escuela con tan poco dinero que pasé gran parte del tiempo desnutrido y estresado. Pasé de estar en un internado, donde todo me era dado, a una situación en la que tuve que cocinar mi propia comida, cuidar de mí mismo e ir a la escuela al mismo tiempo. Esta fue una tremenda responsabilidad para mí, dado que era muy joven. La otra razón por la que no me fue bien en química fue la ausencia de profesores asistentes y el gran tamaño de nuestras aulas. Los maestros tenían alrededor de 250 estudiantes en cada aula, y les era imposible ayudar a los que lo necesitaban.

Pero mis excusas, por legítimas que fueron, no me ayudaron a aprobar química. Para hacerlo, tuve que pasar mis excusas por alto y esforzarme mucho. Eso es lo que finalmente hice para aprobar química. Si no hubiera aprobado esa asignatura, no estaría escribiendo este libro hoy. A un amigo le costó mucho pasar francés, razón por la que decidió abandonar la escuela. Y por eso todavía no tiene su título universitario en Historia. Yo me gradué hace más de 20 años, mientras que él se rindió por completo.

Aunque una asignatura en particular te cueste mucho, no permitas que te detenga. Tienes mucho por delante y debes hacer todo lo que esté a tu alcance para superar ese obstáculo. Sigue tomando esa asignatura hasta que la apruebes. Aprende a nunca aceptar un «no», negándote a rendirte cuando parece que esa es la única solución. Los ganadores nunca se rinden. Aquellos que se rinden nunca ganan.

### ¿Qué harás ahora para obtener buenas calificaciones?

La segunda pregunta que les hago a mis alumnos es: «¿Qué van a hacer para obtener buenas calificaciones?» Si bien desear y soñar con obtener una calificación en particular no cuesta nada, para hacerlo deberá sacrificar algo. ¿Estás dispuesto a hacerlo? ¿Estás listo para hacer todo lo que debes hacer para alcanzar esa meta?

Si quieres tener un buen desempeño, debes responder estas preguntas desde el principio. Es indispensable que leas el programa de estudios y veas lo que se requiere de ti en cada asignatura. Luego debes poner manos a la obra y esforzarte para tener un buen desempeño. Eres estudiante; debes estudiar porque eso es lo que se espera de ti y lo que debes hacer para tener un buen desempeño. No solo hables de ello, hazlo. Abre los libros y léelos. Mira los videos y revisa las presentaciones PowerPoint. Si se requiere que leas algún material, asegúrate de hacerlo. Intentar aprobar sin estudiar es como ir a un campo para cosechar maíz cuando nunca sembraste ni una sola semilla.

## ¿Cómo tu profesor puede ser de ayuda?

Si no sabes cómo tu profesor puede ser de ayuda, nunca te aprovecharás de su apoyo potencial. La mayoría de los profesores en línea se comunican con sus estudiantes por correo electrónico o mensaje de texto. Recuerda que tú eres el que debes comunicarte con tu profesor ante cualquier pregunta o inquietud. Esto es algo que puedes y debes hacer si quieres tener un buen desempeño. Hazle saber a tu profesor lo que necesitas y cómo puede ayudarte. La prioridad número uno de los buenos profesores es el éxito de sus estudiantes. Cuanto antes te conectes con tus profesores, mejor podrán comprenderte y apoyarte. Es mejor comunicarte de más que comunicarte muy poco como para beneficiarte de ello.

## Entrega tu trabajo a tiempo

No esperes para entregar tus tareas la fecha de entrega. Cuanto antes termines tus tareas y las entregues, mejor. Algunos estudiantes esperan para entregar las tareas la última hora del día de entrega. A veces pueden tener algunos problemas técnicos que hacen que no cumplan con la fecha tope. Si siempre entregas tus tareas tarde, perderás puntos y, a la larga, esto afectará tus calificaciones negativamente. Por lo tanto, evita entregar tareas tarde. Cuando se abran los módulos, comienza de inmediato y termina las tareas de la asignatura lo antes posible. No lo hagas a última hora.

## Sigue instrucciones

El diseño de las asignaturas en línea les permite a los estudiantes una gran autonomía. Por lo tanto, tienen muchas instrucciones sobre cómo cursar la asignatura y terminar las tareas. Para comprender las instrucciones, debes leerlas. No basta con leerlas; tienes que leerlas con atención. No des nada por sentado ni tampoco hagas suposiciones. Es fundamental prestar atención a los detalles y sacar conclusiones a medida que lees. Las asignaturas en línea difieren de las presenciales porque se requiere que tengas cierta autonomía para aprender solo. El plan de estudios y los anuncios semanales son cruciales para tu éxito. Préstales mucha atención y sigue las instrucciones meticulosamente. Si tienes alguna pregunta, hazla. La mayoría de los profesores responderán tus preguntas con gusto. Todo buen profesor espera que sus estudiantes tengan preguntas y se las hagan. Nunca te sientas tonto o una molestia. Tienes derecho a hacer preguntas, y debes hacerlo.

## Participación en el foro de discusión

Si tu asignatura cuenta con un foro de discusión, debes aprovecharlo al máximo. Sigue las instrucciones del foro de discusión y asegúrate de que lo que escribas cumpla con las normas. Los estudiantes que tienen un mal desempeño son aquellos que no prestan atención ni investigan antes de publicar en dichos foros. Evita hacer lo que muchos estudiantes hacen: copiar y pegar información sin analizarla. Debes citar tus fuentes, hacer preguntas al dar tu opinión o comentarios y, si puedes, incluir videos, fotografías e imágenes en tus publicaciones.

Para que tengas un buen desempeño en tus asignaturas en línea, debes interactuar con tus compañeros de estudio y con tu profesor en el foro de discusión. Esta es tu oportunidad de hacer preguntas, compartir tus pensamientos y resolver cualquier duda para el beneficio de toda la clase.

## El que no llora, no mama

Les digo a mis alumnos todo el tiempo que deben recordar que no sé lo que piensan. La única forma de saberlo es si me lo dicen. No esperes que tu profesor te lea la mente. Si tienes dificultades o algún problema, debes hablar con tu profesor. No tardes en buscar una solución. No importa con qué estés lidiando. Siempre que te resulte difícil progresar en tus estudios, debes hacer todo lo posible para resolverlo. Cuanto antes se aclaren todas tus dudas, mejor para ti. Evita esperar hasta el final de la asignatura para calificar mal a tu profesor. No existe tal cosa como hacer demasiadas preguntas. Debes seguir preguntando hasta obtener las respuestas que te mereces. Si tienes alguna pregunta, hazla. Si estás confundido, pregunta. Si estás perdido, pide orientación. Si estás estresado, abrumado o confundido, ¡pide ayuda! Sigue preguntando hasta resolver todas tus dudas.

## Tarea: Cómo ser trabajador

1. *«Tu trabajo va a llenar gran parte de tu vida, la única manera de estar realmente satisfecho es hacer lo que creas es un gran trabajo y la única manera de hacerlo es amar lo que haces. Si no lo has encontrado aún, sigue buscando. Como con todo lo que tiene que ver con el corazón, sabrás cuando lo hayas encontrado.»*
   **-Steve Jobs-**

a) ¿Eres conocido por tu fuerte ética de trabajo? ¿Por qué?/¿Por qué no?
b) ¿Por qué es importante tener una gran ética de trabajo?

2. «*Un sueño no se hace realidad a través de la magia; se necesita sudor, determinación y trabajo duro.*» -**Colin Powell**-

    a) ¿Por qué es inútil desear obtener resultados sin trabajar duro?
    b) Del 1 al 10, ¿qué tan trabajador eres?

3. «*No hay sustituto para el trabajo duro. Nunca te rindas. Nunca dejes de creer. Nunca dejes de pelear.*» -**Hope Hicks**-

    a) ¿Cuál es la conexión entre creer y trabajar duro?
    b) ¿Por qué es fundamental no rendirse nunca?

4. «*El precio del éxito es trabajo duro, dedicación al trabajo que estamos haciendo, y la determinación de que, ganemos o perdamos, hemos aplicado lo mejor de nosotros mismos a la tarea que tenemos entre manos.*» -**Vince Lombardi**-

    a) ¿Qué tan dedicado estás a tus estudios?
    b) Del 1 al 10, ¿qué tan decidido estás a tener éxito?

5. «*El éxito no siempre se trata de la grandeza. Se trata de consistencia. El trabajo duro constante conduce al éxito. La grandeza vendrá por si sola.*» -**Dwayne Johnson**-

a) ¿Eres una persona constante?
b) ¿Qué significa la constancia para ti como individuo?

6. «*Mantén tus sueños vivos. Entiende que alcanzar cualquier cosa requiere fe, creer en ti mismo, visión, trabajo fuerte, determinación y dedicación. ¡Recuerda que todo es posible para aquellos quienes creen!*» -**Gail Devers**-

    a) ¿Tienes fe en tu visión? ¿Por qué o por qué no?
    b) ¿Cuál es la conexión entre la fe y el trabajo duro?

7. «*El éxito no es un accidente. Es trabajo duro, perseverancia, aprendizaje, estudio, sacrificio y, sobre todo, amor por lo que estás haciendo o aprendiendo a hacer.*» -**Pelé**-

    a) ¿Qué estás sacrificando ahora mismo por tus estudios?
    b) ¿Por qué el sacrificio es una parte integrante del trabajo duro?

8. «*El trabajo concentrado y duro es la verdadera clave del éxito. Mantén la vista en la meta y sigue dando el siguiente paso para completarla. Si no estás seguro de qué manera hacer algo, hazlo de ambas maneras y descubre cuál funciona mejor.*» -**John Carmack**-

    a) ¿Qué tan bien te estás enfocando en tus estudios?
    b) ¿Por qué tu enfoque es una parte integrante de tu éxito?

9. «*Mantener buenos hábitos puede ser duro y cometer errores es parte del proceso. No declare el fracaso simplemente porque se equivocó o porque le está costando alcanzar sus metas. En su lugar, use sus errores como oportunidades para fortalecerse y mejorar.*» -**Amy Morin**-

   a) ¿Cuáles son algunos buenos hábitos que te ayudarán a tener éxito en tus estudios?
   b) ¿Cuáles son algunas de las lecciones que has aprendido de tus errores?

10. «*Nada en este mundo puede reemplazar la persistencia. El talento no puede hacerlo: nada es más común que hombres fracasados con talento. El genio no puede hacerlo: un genio sin recompensa es casi un proverbio. La educación no puede hacerlo: el mundo está lleno de indigentes educados.*» Solo la persistencia y la determinación son omnipotentes.» -**Calvin Coolidge**-

    a) Da un ejemplo de una situación en la que mostraste perseverancia.
    b) ¿De qué forma puede ser útil la perseverancia en tus estudios?

## Pensamientos finales

Trabaja duro y tendrás éxito. Las personas exitosas están dispuestas a hacer las cosas que las personas fracasadas no quieren hacer. Por esa razón, las personas exitosas terminan alcanzando lo que las personas fracasadas solo pueden soñar alcanzar o tener. Fuimos creados para trabajar y ser una persona trabajadora es un atributo positivo. Para tener un buen desempeño, debes esforzarte mucho por lograr todo lo que puedas. Evita el camino fácil, porque eso solo te hará daño a largo plazo. El trabajo duro rinde frutos... y el trabajo inteligente aún más.

## Capítulo 5

# Asume tu responsabilidad

*«Debes asumir responsabilidad personal. No puedes cambiar las circunstancias, las estaciones o el viento, pero te puedes cambiar a ti mismo. Eso es algo que tienes a tu cargo.»*
**-Jim Rohn-**

*«Estados Unidos fue construida con responsabilidad, no con culpa. Quite las ruedas de aprendizaje de la vida y decida asumir la responsabilidad de sus acciones.»*
**-Gunnar Peterson-**

### Mi despertar
Mi padre era maestro de escuela y mi madre era una ama de casa que tenía su propio negocio. Éramos una familia económicamente modesta en comparación con otras familias de nuestro pueblo. El deseo de que mis hermanos y yo tuviéramos un gran comienzo en la vida inspiró a mis padres a enviarnos a un internado. Cuando me gradué, mi padre fue trasladado a otra escuela para trabajar. Eso tuvo un impacto devastador en las finanzas familiares. Mi mamá se vio obligada a cerrar su negocio y no pudo abrir otro. Luego los salarios de los trabajadores del sector público sufrieron una reducción salarial del 75%. El Fondo Monetario Internacional (FMI) aconsejó al gobierno de Camerún a realizar un programa de ajuste económico. Esto implicó una devaluación de la moneda del país y una reducción salarial del 75%. El impacto fue devastador.

Pasamos de tener suficiente a la pobreza, literalmente de la noche a la mañana. Nuestra vida como familia se volvió extremadamente difícil. Durante estos años de dificultades financieras, me gradué de la escuela secundaria y completé mi licenciatura.

Las cosas estaban tan económicamente complicadas que, después de la secundaria, no estudié durante todo un año académico porque no teníamos dinero. Luego de ese año, me armé de valor para volver a la escuela. Pero tenía tan poco dinero que no me alcanzó para pagar la habitación y comida, sin contar los otros gastos. La presión financiera era real, y recuerdo que muchos otros estudiantes abandonaron la escuela debido a dificultades financieras. Simplemente no pudieron encontrar la forma de seguir.

Pero algo sucedió dentro de mí que cambió mi perspectiva. Ahora que lo pienso, simplemente me di cuenta que, en ese momento, asumí la responsabilidad de mis estudios. Ya no iba a la escuela para complacer a mis padres. Era mi educación, mi futuro y mi bienestar. Y por eso decidí que haría todo lo que estuviera a mi alcance para seguir estudiando hasta terminar mi carrera.

Darme cuenta que estaba estudiando por mí y mi futuro no resolvió inmediatamente mis dificultades financieras. Sin embargo, fortaleció mi determinación. Decidí no rendirme. Cuando descubras todo lo que viví en el libro *Viajando a América: un camino de fe*, te darás cuenta de cuánto tuve que perseverar para graduarme. Pero no podía fracasar ni rendirme porque mi futuro estaba en juego. Había encontrado mi razón por la que seguir estudiando y no dejaría que nada me detuviera, ni siquiera la pobreza. Me alegra haber asumido la responsabilidad de mi futuro y haber perseverado.

## Asume la responsabilidad para tener claridad
Si eliges inscribirte en una asignatura, es tu responsabilidad asegurarte de que todas tus dudas se resuelvan. Es un desafío formular un plan de estudios para cientos de estudiantes que satisfaga las necesidades de todos. Por lo tanto, si tienes alguna duda y necesitas claridad, debes asumir tu responsabilidad de hacer un seguimiento y recibir la claridad que necesitas. Tu profesor no sabe si tienes dificultades para entender las instrucciones. Por lo tanto, es tu responsabilidad hablarle sobre cualquier problema que tengas.

Mucha gente simplemente no hace nada o se queja. Desafortunadamente, quejarse es un callejón sin salida, especialmente cuando te quejas con personas que no pueden ayudarte. Es posible que te sientas mejor luego de hablar mal de la asignatura y el profesor, pero eso no resolverá tu problema. Enfócate en encontrar soluciones y no en despotricar para sentirte mejor temporalmente. Utilizarás esta habilidad para obtener claridad en otras áreas de tu vida. Por ejemplo, cuando trabajes con otras personas, tendrás que tener claro lo que se requiere de ti. Para tener un buen desempeño, debes ser proactivo al momento de pedir claridad.

## Asume la responsabilidad de hacer preguntas
Si tienes alguna pregunta, hazla. Nadie hará las preguntas por ti. Es tu responsabilidad hacer preguntas sobre cualquier aspecto de la asignatura que no entiendas. El que tiene dudas es el responsable de hacer preguntas. No asumas que tu profesor se dará cuenta automáticamente de que tienes dudas. Si quieres obtener respuestas, debes hacer preguntas

a la persona adecuada. La persona adecuada, en este caso, es el profesor que dicta la asignatura. Es tu responsabilidad hacer preguntas. Evita hacer suposiciones. Si no haces preguntas para aclarar las dudas que tienes, no asumas que el instructor de la asignatura sabrá que estás dudando. Tu profesor no puede leer tus pensamientos. Lo prudente y productivo es hacer preguntas... muchas preguntas. Sigue haciendo preguntas hasta resolver todas tus dudas e inquietudes. Si no lo haces, tus dudas te obstaculizarán y no te permitirán tener un buen desempeño. No existe tal cosa como hacer demasiadas preguntas.

## Asume la responsabilidad de entregar tu trabajo a tiempo

Es tu responsabilidad asegurarte de saber cuándo son las fechas de entrega. Una vez que sepas qué asignaciones debes entregar y cuándo, debes asegurarte de entregarlas a tiempo. Las asignaturas en línea suelen tener asignaciones semanales que los estudiantes deben completar. Asegúrate de revisar la asignatura al comienzo y a la mitad de la semana para no perderte ninguna tarea. Me ha pasado que algunos estudiantes no entregaron sus trabajos a tiempo, y su excusa fue que no sabían que debían hacerlos. Esta es una gran irresponsabilidad por parte de los estudiantes, y una que es fácil de evitar. Todas las fechas de entrega se enumeran en el programa de estudios que es compartido con los estudiantes al comienzo del semestre. Es tu responsabilidad leer el programa de estudios, las tareas y estar al tanto de cualquier novedad.

## Asume la responsabilidad de obtener buenas calificaciones

Como he comentado, necesitarás más que buenas calificaciones para tener éxito en la vida. Sin embargo, es importante que intentes obtener buenas calificaciones. Las habilidades que desarrolles en el proceso tendrán un impacto positivo en otras áreas de tu vida. Es tu vida y tu futuro, y nadie debe preocuparse más por ellas que tú< Por consiguiente, es tu responsabilidad asegurarte de obtener buenas calificaciones en tus asignaturas. Aunque asumir responsabilidad puede no parecerte agradable, debes hacerlo si deseas tener éxito.

Suelo recibir correos electrónicos de estudiantes en los cuales se implica que es responsabilidad del profesor que los estudiantes obtengan buenas calificaciones. Si tienes esa actitud, lo más probable es que no tengas un buen desempeño. Sí, los buenos profesores quieren lo mejor para sus alumnos. Pero es responsabilidad de los estudiantes asegurarse de hacer todo lo posible para tener éxito. Por lo tanto, averigua lo que debes hacer para obtener buenas calificaciones y trabaja duro. Ya expliqué en el primer capítulo que tener conocimiento no es suficiente. Si quieres obtener resultados, debes esforzarte. Para hacerlo, debes tener la mentalidad adecuada y asumir tu responsabilidad. Nadie puede hacerlo por ti.

## Asume la responsabilidad de ser proactivo

Hace un tiempo, cuando finalizó el semestre, un estudiante se acercó para hablarme de la calificación que le di por la asignatura. El estudiante quería una mejor calificación, pero esperó hasta el final de la asignatura para hacer algo al respecto. Eso no es ser proactivo. Si esperad hasta el final del semestre para intentar hacer ajustes que podrías haber hecho antes, tú eres el único culpable. La mayoría de los profesores te ayudarán si te comunicas con ellos lo suficientemente pronto. Evita esperar hasta la última semana de clase para expresar que deseas una mejor calificación. Puede ser demasiado tarde, y quizá no se pueda hacer nada. No pude hacer nada por este estudiante en particular que decidió hablar conmigo la última semana de clase. Si se hubiera comunicado conmigo antes, habría podido ofrecerle más apoyo y orientación para mejorar su calificación.

Decídete a asumir la responsabilidad de ser proactivo en lo que respecta a la asignatura que estás cursando. No esperes a que todo salga mal para pedir ayuda, aclaraciones o instrucciones. Es tu responsabilidad aprobar la asignatura, y esta debe ser tu primera prioridad.

## No culpes a tus profesores

Te daré el mismo consejo que les doy a mis estudiantes: no culpes a tus profesores, pase lo que pase. Tienes que tomar la decisión de que tus profesores te agradarán y que te llevarás bien con ellos. Cuando era estudiante, al comienzo de cada semestre, decidía que mi profesor me agradaría. Entendí que mi vida podría terminar siendo miserable si tenía un conflicto innecesario con mis profesores. Es tu responsabilidad evitar disputas innecesarias con tus profesores. Aunque culpar a otras personas, especialmente a tus instructores, puede parecer natural, eso no significa que debas hacerlo. Asume la responsabilidad de no culpar a tus padres, profesores o circunstancias.

Cuando culpas a otras personas, pierdes el control y quedas incapacitado. Te pones en una posición de debilidad, desesperanza e impotencia. En otras palabras, cedes tu poder, y otras personas o tus circunstancias están a cargo. Aunque culpar a los demás puede parecer una excusa «legítima», no ayuda en absoluto. Lo mejor que puedes hacer por ti es lograr simpatizar a otras personas para sentirte bien y justificado. Pero la realidad es que culpar a los demás y tus circunstancias empeorará tu situación, ya que te impide seguir adelante.

## Tarea: Cómo asumir responsabilidad

1. *«Si tomas una mala decisión, debes asumir la responsabilidad. Mantén la cabeza en alto, admite la culpa, toma la culpa y sigue adelante. Lo peor que puedes hacer es echarle la culpa a tu equipo por una mala decisión que tomaste».* **-David Miller-**

    *«He cometido errores, pero yo no tengo ningún arrepentimiento; yo soy el tipo de persona que asume la responsabilidad de ello y lidia con eso. Aprendo de todo lo que hago. Trabajo muy duro. Conózcanme y vean quien soy.»* **-Kim Kardashian-**

    a) ¿Por qué es más fácil culpar a los demás que asumir responsabilidad?
    b) ¿A quiénes tiendes a culpar?

2. *«No busquemos la respuesta republicana o la respuesta demócrata, sino la respuesta correcta. No tratemos de arreglar la culpa del pasado. Aceptemos nuestra propia responsabilidad para el futuro.»* **-John F. Kennedy-**

«*Encuentra alegría en todo lo que elijas hacer. Cada trabajo, relación, hogar... es tu responsabilidad amarlo o cambiarlo.*» -**Chuck Palahniuk**-

  a) ¿Qué significa responsabilizarte por tu futuro?
  b) ¿Por qué es difícil encontrar la respuesta correcta?

3. «*A largo plazo, nosotros damos forma a nuestras vidas y nos damos forma a nosotros mismos. El proceso nunca termina hasta que morimos. Y las decisiones que tomamos son, en última instancia, nuestra propia responsabilidad.*» -**Eleanor Roosevelt**-

  a) ¿Cuáles son algunas de las cosas que estás haciendo en este momento que están dando forma a tu vida?

4. «*Experimentamos la felicidad como una serie de momentos placenteros. Vienen y van como nubes, impredecibles, fugaces y sin debernos nada. A través de trabajo interno, reflexión y meditación, comenzamos a encadenar más de estos momentos, creando una felicidad similar a una red que envuelve nuestras vidas.*» -**Tara Stiles**-

«*No puedes tomar una aspirina para luego comer 12 donas y pensar: ‹Tomé una aspirina para no tener un ataque al corazón›. Es muy importante que cada persona asuma la responsabilidad personal de su salud. No puedes seguir pensando que alguien más se ocupará de eso. Tienes que ser parte de la solución.*» -**Corbin Bernsen**-

a) ¿Cómo le das prioridad a tu salud?
b) ¿Qué beneficios podrías disfrutar de la meditación?

5. «*Creo que todos tenemos la responsabilidad de devolver. Nadie llega a ser exitoso sin un montón de trabajo duro, el apoyo de los demás, y un poco de suerte. Devolver crea un ciclo virtuoso que hace a todos más exitosos.*» -**Ron Conway**-

   a) ¿Existe una conexión entre «retribuir» y tus estudios?
   b) ¿De qué formas estás retribuyendo actualmente?

6. «*Tenemos la iniciativa y la responsabilidad de hacer que las cosas sucedan.*» -**Stephen Covey**-

   «*No puedes esperar construir un mundo mejor sin mejorar a las personas. Con ese fin cada uno de nosotros debe trabajar para su propio mejoramiento y al mismo tiempo, compartir una responsabilidad general con toda la humanidad, nuestro deber particular es ayudar a aquellos a quienes creemos que podemos ser más útiles.*» -**Marie Curie**-

   a) ¿Qué es lo más importante en tu vida?
   b) ¿Cómo estás dándole prioridad a eso?

7. «*El mejor día de tu vida y el mío es cuando asumimos la responsabilidad total de nuestras actitudes. Ese es el día en que realmente crecemos.*» -**John C. Maxwell**-

   «*Espero que haya una diferencia entre ser infantil y ser como un niño. A menudo me lo pregunto. No creo que sea un buen adulto. No asumo responsabilidad fácilmente o bien en muchas áreas de la vida. Soy malísimo para cosas como las finanzas.»* -**Graeme Base**-

a) ¿Por qué es importante asumir la responsabilidad de nuestras actitudes?
b) ¿Cómo te responsabilizas de tu actitud?

8. «*Parte de ser hombre es aprender a tomar responsabilidad por tus éxitos y fracasos. No puedes culpar a otros ni ser celoso. Viendo el éxito de otros como tu fracaso es una forma cancerosa de vivir.*» -**Kevin Bacon**-

"*No creo en la suerte. Todo está en nuestras manos. Si algo no sale bien, entonces, como director, debes asumir toda la responsabilidad. No puedes simplemente decir: 'Le asigné este trabajo al supervisor de música. Me prometió que lo haría y me quedó mal.' No puedes culpar a nadie más.*» -**S. S. Rajamouli**-

«*Si nunca es nuestra culpa, no podemos responsabilizarnos de ello. Si no podemos responsabilizarnos de ello, siempre seremos la víctima.*» -**Richard Bach**-

«*Las personas que realmente tratan de ser conscientes de lo que han hecho, que asumen su responsabilidad, son héroes para mí.*» -**Park Chan-wook**-

a) ¿Recuerdas alguna vez que asumiste la responsabilidad de tu fracaso?
b) ¿Por qué es más fácil asumir la responsabilidad del éxito y no del fracaso?

9. «*No puedes escapar de la responsabilidad del mañana evadiéndola hoy.*» **-Abraham Lincoln-**

   «*Donde quiera que te encuentres, debes estar allí totalmente. Si encuentras que tu intuición es intolerable y te hace infeliz, tienes tres opciones: retirarte de la situación, cambiarla o definitivamente aceptarla por completo.*

   *Si deseas asumir la responsabilidad de tu vida, debes elegir una de esas tres opciones, y por supuesto, debes elegir ahora mismo. Entonces acepta las consecuencias.*» **-Eckhart Tolle-**

   a) ¿Qué estás evadiendo ahora mismo?
   b) ¿Por qué es malo eludir la responsabilidad?

10. «*Tienes que asumir la responsabilidad de cómo actúas. No puedes arreglar a todo el mundo.*» **-Dave Davies-**

    «*Creo que Dios es real, pero creo que Dios me llamó más allá de mí mismo para asumir la responsabilidad de mi vida y trabajar para permitir que otras personas sean ellas mismas y se responsabilicen por sus vidas.*» **-John Shelby Spong-**

    a) ¿Hay personas en tu vida a las que estás intentando «arreglar»?
    b) ¿Por qué es tan difícil arreglar a otras personas?

## Pensamientos finales

No debes estar a merced de otras personas, tus orígenes, tu educación o tu entorno. En pocas palabras, no debes estar a merced de nada. La única forma de tomar el control de tu vida es responsabilizándote por ella. Las personas que culpan a los demás, a sus circunstancias y a su entorno ceden el control y quedan incapacitadas. Como estudiante, asumes la responsabilidad de tus estudios cuando sabes lo que se espera de ti, y lo haces. Esto no quiere decir que aquellos que te hacen daño estén libres de culpa. Incluso puedes ser lo suficientemente desafortunado como para que un mal profesor te enseñe una asignatura. Pero el resultado final depende de ti. No renuncies al control convirtiéndote en una víctima. Cuando asumes responsabilidad, caminas por el buen camino.

## Capítulo 6

# Evita distracciones

*«Nunca llegaras a tu destino si te paras a tirar piedras a cada perro que ladra.»* **-Winston S. Churchill-**

*«En aquellos días un chico que se dedicara a lo clásico oficialmente no estudiaba casi nada que no fuera clásico. Creo que era bueno; el mejor servicio que podríamos hacer a la educación de hoy sería enseñar menos materias. Nadie tiene tiempo para hacer bien antes de cumplir los veinte más que unas pocas cosas y, cuando obligamos a un chico a ser mediocre en una docena de materias, destruimos sus posibilidades, quizás para toda la vida.»* **-C. S. Lewis-**

Vivimos una época de muchas distracciones. Debes reconocer que existe si quieres tener éxito como estudiante.

Algunas de estas distracciones pueden considerarse actividades beneficiosas y aceptables. Pero debes recordar que lo perfecto es enemigo de lo bueno. Siempre que te propongas pasar de ser bueno a ser perfecto, te enfrentarás a varios desafíos. Te asombrará toda la oposición interna y externa con la que te toparás. No te sorprendas si algunos de los que creías te apoyarían se conviertan en tus mayores detractores.

Por ejemplo, es posible que hayas deseado que te asignaran más horas laborales en tu trabajo para ganar más dinero, pero no lo lograste. Pero una vez que eres aceptado en el programa en línea, tu gerente te informa que aumentó tus horas de trabajo. Aunque ganar más dinero puede ser algo bueno, el momento oportuno también es importante. Puede que este no sea el momento correcto para trabajar más. Recuerda que siempre hay un costo de oportunidad asociado a cada gran decisión que tomamos. Volver a la escuela es una decisión importante y te costará algo. Por eso es fundamental sentarse a calcular este costo antes de emprender este viaje.

Con suerte, a estas alturas, ya sabes tu razón o «porque», la que te ayudará a evitar todas las distracciones con las que te toparás. Algunas de estas serán buenas y nobles. Es probable que otras distracciones sean negativas. Por ejemplo, puedes ser despedido de tu trabajo, lo que acabaría con tu fuente de financiación para pagar tus estudios. ¿Qué harías si te quedas sin dinero? ¿Permitirías que tu falta de dinero te impida terminar la escuela?

## Taxista versus vicepresidente de un banco

Creo en la dignidad del trabajo y no valoro a las personas por lo que hacen para ganarse la vida. Necesitamos taxistas, conductores de Uber y Lyft, conductores de trenes, abogados, contadores, policías, profesores, etc. Cada uno de estos profesionales aporta algo único; ofrecen soluciones a problemas o satisfacen necesidades. Pero las personas también son libres de abandonar profesiones. Nadie está obligado a permanecer en una carrera para siempre. Es probable que estés considerando volver a la escuela porque quieres seguir aprendiendo y creciendo, o tal vez porque quieres cambiar de carrera. Para lograrlo, debes evitar distracciones.

Nada ilustra mejor esto que la historia que me contó uno de mis buenos amigos, el vicepresidente de un banco comercial. Llegó a los Estados Unidos de América como estudiante internacional y conoció a otro estudiante internacional de su programa. Las cosas fueron difíciles para ellos al principio y, después del primer semestre, el otro estudiante decidió mudarse a Nueva York y se convirtió en taxista. Después de trabajar durante unos meses, el taxista llamó a su amigo y le dijo que estaba ganando mucho dinero y le aconsejó que hiciera lo mismo. Pero mi amigo se negó a distraerse. En cambio, se centró en su título de ingeniero y eventualmente se graduó. El otro estudiante, que se distrajo con el dinero, no había progresado en la meta que lo trajo a los Estados Unidos en primer lugar. Nunca se graduó de la universidad. Nuestro amigo, quien permaneció en la escuela, finalmente se convirtió en vicepresidente de un banco y ahora gana más dinero del que su amigo taxista jamás podría imaginar.

## Obtener resultados sin esforzarse

Algunos quieren obtener buenas notas, pero no quieren trabajar duro para lograrlo. Para ellos, sentarse a estudiar es demasiado desagradable. Lo único que quieren es obtener buenas notas esforzándose el mínimo. Algunos quieren obtener una A sin trabajar en absoluto. En otras palabras, quieren obtener resultados sin esforzarse.

Si tienes una mentalidad similar, esto es una distracción y obstaculizará no solo tus estudios, sino otros aspectos de tu vida. Si deseas tener éxito, debes comprender el proceso que debes atravesar. En otras palabras, sin dolor no hay ganancia. No permitas que el dolor involucrado en el proceso te distraiga. Si te concentras en la ganancia que te espera, el proceso será soportable. No es fácil ponerse a estudiar cuando podrías estar viendo televisión, jugando videojuegos o haciendo muchas otras actividades divertidas. Pero si te disciplinas y estudia, te sentirás muy bien cuando obtengas buenas calificaciones y eventualmente tendrás éxito en otras áreas de tu vida. Este principio de «sin dolor no hay ganancia» aplica a todas las áreas de la vida. Si quieres tener éxito, debes esforzarse.

## Mentalidad de microondas

Esta es la generación de microondas y botones. Queremos todo ahora, instantáneamente. Son muy comunes los dispositivos electrónicos que solo requieren que uno hable para realizar la acción instruida. Ni siquiera necesitas presionar ningún botón.

No estoy en contra de la tecnología, y en realidad ansío la llegada de los autos autónomos. Seré más productivo si, durante un viaje, puedo simplemente dedicarme a pensar y escribir. Dicho esto, debemos tener cuidado de no abordar nuestros estudios con esta mentalidad de microondas.

Tendrás que dedicar tiempo para aprender los materiales para así poder aprobar los exámenes. El hecho de que sea una asignatura en línea y que los exámenes sean a libro abierto no significa que debas hacerlos sin leer los materiales requeridos. Demasiados estudiantes tienen ese enfoque. En una de mis asignaturas, les di a mis estudiantes cuatro oportunidades para aprobar el examen en línea. Algunos estudiantes simplemente presentaron el examen una y otra vez sin leer el material. Lo único que querían era obtener una calificación lo más rápido posible. A diferencia de ti, ellos pasaron por alto el hecho de que la lectura generalmente es de ayuda. No te distraigas con la necesidad de obtener resultados rápidos. Dedica tiempo a estudiar. Estoy seguro que eventualmente te alegrarás de haberlo hecho.

La creencia de que las asignaturas en línea deben ser fáciles es errada. Ya hablamos del mito de que las clases en línea son fáciles. Si crees que ahora estás tomando el camino fácil, tal vez deberías considerar esforzarte más. ¿Por qué querrías tomar una asignatura fácil? La vida no es fácil; tienes que se fuerte para poder afrontar cualquier dificultad y desafío que se te presente. Huye de aquellos que te prometan lo fácil y rápido porque la vida no funciona así.

## Corre antes de gatear

Otra gran distracción es no entender el proceso que atraviesan las personas exitosas. Ya hablamos de esto, pero es esencial volverlo a mencionar. ¿Cómo puedes querer como alguien que ha estado trabajando toda su vida, si solo eres estudiante? ¿Cómo puedes esperar tener el mismo poder adquisitivo que alguien que ha estado ahorrando el doble de tu vida?

Incluso si eres un estudiante maduro con experiencia de vida, debes tener precaución y evitar distracciones. Ahora estás estudiando, y no puedes compararte con aquellos que trabajan a tiempo completo. No tiene nada de malo ser estudiante; disfruta este momento porque pronto terminará. No intentes moverte más rápido de lo que tus piernas pueden llevarte. Es fundamental entender el momento de vida en el que te encuentras y vivir en consecuencia. Evita la distracción de comparar tu viaje con el de los demás.

## Dispositivos electrónicos

Facebook me acaba distraer, y perdí más de 20 minutos viendo fotos y videos. El mismo medio que hizo posible la enseñanza en línea es una gran distracción. No es fácil controlar esta distracción, y debes tener eso en cuenta. Si no, puedes pasar horas distraído, sin hacer tu trabajo. La razón por la que estás tomando una asignatura en línea, o estás considerando tomar una, podría ser que están pasando muchas cosas en tu vida a la vez. Por ende, si no velas por tu tiempo, podrías terminar no haciendo nada.

Aquí tienes un excelente recurso que deberías considerar consultar: ***Celulares, dispositivos electrónicos y tú: ¿quién manda?*** Escribí este libro para abordar algunos de los desafíos de los dispositivos electrónicos modernos y cómo manejarlos. Es fácil de leer y no te decepcionará.

## Las fiestas y los placeres

No estoy en contra de pasar un buen rato. Pero debes tener cuidado, porque las fiestas y los placeres pueden convertirse en grandes distracciones. ¿Quién quiere quedarse en casa estudiando en vez de andar de fiesta? Si eso es lo que sueles pensar, probablemente no eres buen estudiante.

Lo triste es que, si no cambias estos mal hábitos, te afectarán en otras áreas de tu vida, y no te irá tan bien. No te distraigas con las fiestas y los placeres. Algunos de tus amigos te presionarán para que te vayas de fiesta con ellos, consumas drogas y experimentes con todo tipo de cosas. No te distraigas. Tu educación es primordial y debes priorizarla.

## Cómo evitar las distracciones

El rey Salomón es el hombre más sabio que jamás haya existido. Aquí comparto algunas palabras sabias que debes considerar para prevenir distracciones:

*«Todo tiene su momento oportuno; hay un tiempo para todo lo que se hace bajo el cielo: un tiempo para nacer, y un tiempo para morir; un tiempo para plantar, y un tiempo para cosechar; un tiempo para matar, y un tiempo para sanar; un tiempo para destruir, y un tiempo para construir; un tiempo para llorar, un tiempo para reír; un tiempo para estar de luto, y un tiempo para saltar de gusto; un tiempo para esparcir piedras, y un tiempo para recogerlas; un tiempo para abrazarse, y un tiempo para despedirse; un tiempo para intentar, y un tiempo para desistir; un tiempo para guardar, y un tiempo para desechar; un tiempo para rasgar, y un tiempo para coser; un tiempo para callar, y un tiempo para hablar; un tiempo para amar, y un tiempo para odiar; un tiempo para la guerra, y un tiempo para la paz.»*

Debes entender que el tiempo es crucial para cualquier persona que quiera evitar distracciones; hay un momento oportuno para todo bajo el cielo. Para que las cosas salgan bien, debes respetar todos los tiempos y temporadas. Los árboles pierden sus hojas en otoño; los corderos nacen en primavera. Hay un momento para ser estudiante, y tú estás viviéndolo hoy. Esto implica que tienes que vivir como estudiante. Solo será por una temporada, porque esto también pasará.

Desafortunadamente, algunos estudiantes no entienden el concepto de que hay un momento oportuno para todo. Esto explica la razón por la que esos estudiantes viven como si no lo fueran. Por ejemplo, tomemos la creciente crisis de la deuda estudiantil en Estados Unidos; es un resultado directo del hecho de que algunos estudiantes piden prestado más de lo debido. No necesitas comprarte un auto nuevo si eres estudiante. Es más rentable retrasar la gratificación y comprar ese automóvil después de que te gradúes y comiences a ganar dinero.

## Tarea: Evita distracciones

1. «*Al prevalecer sobre todos los obstáculos y distracciones, uno puede llegar indefectiblemente a su meta o destino elegido.*» -**Cristóbal Colón**-

    a) ¿Cuáles son algunos de los obstáculos a los que te enfrentas en este momento?
    b) ¿Por qué es fundamental para ti superar estos obstáculos?

2. «*La gente exitosa mantiene un enfoque positivo en la vida sin importar lo que está sucediendo alrededor de ellos. Permanecen enfocados en sus éxitos pasado en lugar de sus fracasos pasados y sobre los próximos pasos de acción que necesitan para llevar a conseguir más que el cumplimiento de sus objetivos en lugar de todas las distracciones que la vida les presenta.*» -**Jack Canfield**-

    «*No solemos dejar atrás el pasado. Nos aferramos a él. Lo disecamos y dejamos que los temores del futuro, exacerbados por el pasado, nos impidan inconscientemente de seguir.»* -**Ray Simpson**-

a) ¿Cuáles experiencias pasadas pueden ayudarte a convertirte en un estudiante más exitoso?
b) ¿Cuál es el lado negativo de centrarse demasiado en los éxitos pasados?

3. «*Estamos rodeados de distracciones. Ya sean correos electrónicos, llamadas telefónicas, mensajes de texto, notificaciones de redes sociales o personas que entran y salen de la oficina, esas distracciones terminan consumiendo una buena parte del tiempo.*» -**John Rampton**-

"*Sigo usando mi Mac-Classic para escribir temprano en la mañana en la computadora, aunque tenemos una PC de última generación. La gente piensa que estoy loco, pero las máquinas más sencillas distraen menos.*» -**Wendelin Van Draanen**-

"*Mi casa tiene demasiadas distracciones. El correo electrónico. Leer mis calificaciones en Amazon, aunque sé que soy el único autor que ha hecho eso. El fax. Demasiadas distracciones. Por eso me gusta salir de casa para escribir.*» -**Harlan Coben**-

a) ¿Qué podrías hacer para reducir el impacto de los dispositivos electrónicos y las redes sociales?

4. «*Me encanta la sensación de estar al aire libre, lejos de todas las distracciones de la vida moderna. Normalmente desaparezco durante un par de horas, y ese tiempo que paso andando en bicicleta es bastante sagrado, ya que lo aprovecho para pensar. A veces*

*paro en el café de los motociclistas para comerme un sándwich de tocino.»* **-Paul Hollywood-**

*«Lo que sea que quieras hacer, hazlo con total pasión y trabaja muy duro para lograrlo. No mires a ningún otro lado. Habrá algunas distracciones, pero si puedes ser fiel a ti mismo, tendrás éxito con seguridad.»* **-Virat Kohli-**

   a) No todas las distracciones son negativas. ¿Cuáles son las distracciones beneficiosas en tu vida?
   b) ¿Cómo puedes usarlas para convertirte en un estudiante exitoso?

5. *«Tienes varias opciones. Podrías seguir luchando contra las personas que realmente son una distracción. Son personas en la clase económica de la vida. O puedes hacer lo que te propusiste hacer.»* **-Clarence Thomas-**

   "*Los equipos ganadores tienen la menor cantidad de distracciones. Tienen un grupo muy unido de personas que trabajan hacia el mismo objetivo común.»* **-Larry Dixon-**

   a) ¿Algunas personas de tu vida te distraen?
   b) ¿Cuál es tu plan para acabar con esto?

6. *«Muchas cosas pasan por la mente.*

   *Formular un plan de juego que funcione para ti y te permita bloquear distracciones externas para lograr lo que realmente importa te permitirá sacarle el mayor provecho a tu talento.»* **-Jake Arrieta-**

*«Las distracciones pueden resultar emocionantes, pero la mayoría de las veces, roban nuestra atención y valioso tiempo. Las distracciones nos atraen con un escape fácil y luego nos engañan robándonos nuestra atención.»* -**Tara Stiles**-

a) ¿Qué distracciones externas están luchando por tu atención?
b) ¿Cómo lidiarás con ellas?

7. *«Si prestamos atención a nuestras vidas, reconoceremos esos momentos definitorios. El desafío para muchos de nosotros es que estamos tan inmersos en distracciones diarias y las responsabilidades que nos mantienen ocupados que perdemos esos momentos y oportunidades que, si los aprovecháramos, llevarían nuestras carreras y vidas personales a niveles más altos.»* -**Robin S. Sharma**-

*«Realmente creo que cuantas más distracciones y apuros me quite en mi vida, mejor me sentiré conmigo mismo. El más grande de ellos es Depeche Mode. Es el único matrimonio que sobrevivió, pero no estoy seguro de que funcione, al menos para mí. Ya no se siente bien subirme a un avión para ir a otro lugar para que me digan lo maravilloso que soy ya no se siente bien.»* -**Dave Gahan**-

a) ¿Por qué no es buena idea estar ocupado todo el tiempo?
b) ¿Cuáles son algunas de las formas en que estar ocupado afecta negativamente tus estudios?

8. *«Me inquieta ver que la mayoría de los que se hacen llamar cristianos tienen tan poca comprensión de la verdadera naturaleza de la fe que profesan. La fe es tan importante que no debemos ignorarla por las distracciones o el ritmo frenético de nuestras vidas.»*
   **-Joyce Meyer-**

   a) ¿Qué papel juega la fe en tu vida?
   b) ¿Cómo ser una persona de fe puede ayudarte en tus estudios?

9. *«Grandes empresarios se centran intensamente en una oportunidad donde otros no ven nada. Este enfoque e intensidad ayuda a eliminar el esfuerzo y distracciones perdido. La mayoría de las empresas mueren de indigestión y no morir de hambre, es decir, las empresas sufren de hacer demasiadas cosas a la vez en lugar de hacer muy pocas cosas muy bien.»* **-Naveen Jain-**

   *«Cuando me reúno con los fundadores de una nueva empresa, mi consejo siempre es, 'Haz menos cosas', es cierto en las asociaciones, las oportunidades de marketing, cualquier cosa que esté ocupando tu tiempo. La gran mayoría de las cosas son distracciones, y muy pocas realmente importan a tu éxito.»* **-Evan Williams-**

   a) ¿Por qué es mala idea hacer demasiadas cosas al mismo tiempo?

10. *«Siento que he invertido mucho en el aspecto físico de mi vida: correr maratones, tengo un entrenador SEAL en casa. Pero he invertido muy poco en el trabajo interno, y en un mundo de distracciones, sentí que,*

*para ver todo el panorama, realmente tenía que pasar tiempo a solas y trabajar para lograr estar presente.»*
**-Jesse Itzler-**

a) ¿Has invertido en tu yo interior? ¿De qué forma?
b) ¿Cómo te beneficiará esto como estudiante?

## Pensamientos finales

Este libro no es solo para que tengas éxito como estudiante en línea. La vida es mucho más que ser buen estudiante. Después de estudiar, se te pedirá que apliques los conocimientos que adquiriste en la escuela. Espero que tu capacidad para lidiar con las distracciones te ayude a tener éxito en tus estudios y más allá. Las citas que acabas de leer deben ser un catalizador para que sobresalgas en todas las áreas de tu vida. Como todo en la vida, tendrás que ser proactivo al lidiar con las distracciones, especialmente aquellas que parecen ser buenas. ¡Recuerda que lo perfecto es enemigo de lo bueno! Si quieres tener éxito, nunca debes conformarte con lo bueno. Siempre debes esforzarte por seguir aprendiendo y creciendo.

## Capítulo 7

# No eres un fracasado

*«El fracaso es simplemente la oportunidad de empezar de nuevo, esta vez de forma más inteligente.»* **-Henry Ford-**

*"No soy perfecta, cometo errores todo el tiempo. Lo único que puedo hacer es esforzarme para aprender de mis errores, responsabilizarme por ellos y hacerlo mejor mañana.»* **-Lana-**

*«Muchos de los fracasos de la vida, son personas que no se dieron cuenta de lo cerca que estaban del éxito cuando se rindieron.»* **-Thomas Edison-**

**Secreto #7 Todo el mundo fracasa, pero hacerlo no te convierte en perdedor.**
Si eres como yo, es posible que hayas tenido dificultades en tu vida académica.

Los reveses son parte de la vida, pero la forma en que respondemos a ellos determina el resultado de nuestras vidas. Mis problemas académicos no terminaron con la química. Tuve dificultades en física y matemáticas y reprobé esas materias varias veces. Ese fue un gran obstáculo que me alejó de mi título. Aunque trabajé duro, me costó entender lo que se suponía que debía hacer. En mi caso, no tenía una buena base en estas materias. No tomé física y matemáticas en la escuela secundaria porque no era obligatorio. Pero para mi licenciatura sí lo era. Mientras luchaba, tuve que recordarme a mí mismo que nunca obtendría un título si no aprobaba estas materias. No había profesores ayudantes en mi escuela y las clases tenían muchos estudiantes. Esto significaba que el profesor no podía ayudar a cada estudiante que tenía dificultades. Hubo días en los que sentí que nunca me graduaría porque estas materias me resultaban extremadamente difíciles. La ventaja era que me estaba yendo bien en geología. Sin embargo, sacaba F en física y matemáticas.

## Sácale provecho a tus fracasos
Probablemente fracasarás a veces. Cuando lo hagas, sácale provecho a esos fracasos. Solo fracasas cuando no aprendes de tus fracasos. Permíteme compartir contigo un error que cometí y que nunca olvidaré. No me presenté en una graduación de escuela secundaria donde era esperado como orador principal. Nunca olvidaré esto porque me conmocionó mucho. Pasé mucho tiempo preguntándome qué diablos acababa de pasar. No llegué tarde, simplemente no me presenté. Y me enteré un día después del evento. No pude hacer nada para arreglar las cosas. Cuando descubrí lo que había sucedido, ya era demasiado tarde. Solo pensaba en lo que los padres y estudiantes, así como los profesores y el personal, debieron haber pensado de mi inasistencia.

Aunque había confirmado mi asistencia al evento unas semanas antes, no lo agendé para cuando debí. Creí que el evento era el sábado por la noche; incluso le dije a mi esposa que iríamos a la graduación el sábado. Pasé toda la semana preparando mi discurso para el evento. El viernes fui a pedir prestada una bata de doctorado que usaría para la ocasión. Después de todo, era una graduación de secundaria, y asistir con atuendos académicos no era mala idea.

A lo que regresé a casa de recoger la toga, decidí revisar mi teléfono celular. En ese momento, vi que la persona que había reservado el evento me había llamado dos veces y me había dejado mensajes. Me preguntó en el primer mensaje si asistiría y luego en el otro que todos me estaban esperando. Perplejo, miré la fecha de los mensajes. Para mi gran sorpresa, ¡vi que habían sido enviados el día anterior! En ese momento se me cayó el alma a los pies, y quería que me tragara la tierra. El dolor fue real e intenso. Me sentí avergonzado y decepcionado de mí mismo.

Mi primer pensamiento fue cómo arreglar las cosas. Pero rápidamente me di cuenta de que no había forma de compensar a las personas que defraudé. La graduación ya había acabado, y no se podía repetir solo para que diera mi discurso. Pensé en culparme y permanecer anclado en mi dolor, angustia y desilusión. Esto también era un callejón sin salida, porque no me ayudaría a sanar.

Entonces se me ocurrió una gran idea: ir a Toastmasters (una organización educativa de comunicación y liderazgo) y dar un discurso de lo sucedido. No me gustaba mucho la idea porque me iba a avergonzar. ¿Cuántas personas se paran frente a otras para contarles que no asistieron a una cita tan importante? A la gente le gusta hablar de éxitos y no de fracasos. Mi fracaso fue imperdonable y parecía ser el resultado de una negligencia de mi parte. ¿Qué persona cuerda olvida agendar una cita tan importante en su calendario? El otro problema fue el hecho de que la persona que reservó la cita no se comunicó conmigo un día antes del evento. A pesar de eso, era mi responsabilidad asistir ese día, y no lo hice. Lo que hice no tiene justificación. Me sentí avergonzado cuando me di cuenta de eso.

Para mí, la única forma de avanzar era enfrentar mi vergüenza y mis miedos y hablar de ello con otras personas. Me pararía ante un grupo de extraños y admitiría que me había equivocado. Para mí, eso era más fácil decirlo que hacerlo porque una parte de mí no quería. Pero me obligué a preparar el discurso y lo di.

Mientras pensaba en lo que había sucedido, se me ocurrió que debía sacarle provecho a este fracaso. En mi discurso, mencioné los siguientes puntos que destaqué como pasos para lidiar con el fracaso:

**Admítelo.** Cuando falles, no intentes encubrirlo o racionalizarlo. Fallaste y deberías admitir tu error. Sí, esto es desafiante, pero si no lo haces, te resultará imposible seguir adelante. Aunque probablemente no quieras admitir tu fracaso, debes esforzarte para aceptar lo que sucedió. Es imposible pedir ayuda si no reconoces que fallaste.

A menudo me pregunto por qué algunos estudiantes solo se comunican conmigo al final del semestre para hablar de sus calificaciones si tuvieron dificultades todo el semestre. Entre más pronto admitas que estás fallando, mejor para ti. No permitas que tu vergüenza y las percepciones de otras personas te impidan enfrentar tu fracaso y aceptarlo. Ninguna cantidad de explicaciones y de tratar de culpar y justificar por qué fracasaste te ayudará a sanar y seguir adelante. El ser humano tiende a culpar a otras personas y a sus circunstancias, pero no a sí mismo. Incluso cuando todo indique que tu eres el culpable, todavía buscarás una manera de librarte del error. En mi caso, llamé a la persona que había confirmado el compromiso y reconocí que cometí un error. No intenté dar una excusa para justificar por qué no me presenté. El primer paso hacia la sanación es admitir el fracaso. El reconocerlo no significa que seas un fracasado. Más adelante en este capítulo, explicaré la diferencia entre fracasar y ser un fracasado.

***Ríete de ti mismo.*** Debes reírte de ti mismo. La risa es la mejor medicina. Recuerda que no eres la única persona que ha fracasado, ni serás la última persona en hacerlo. No te lo tomes demasiado en serio. Fracasar no es el fin del mundo.

Me enteré de que Edison, el inventor de la bombilla, fracasó mil veces. Algunas personas dicen que fracasó hasta unas diez mil veces. Lo que importa es que, aunque fracasó muchas, muchas veces, no dejó que el fracaso le impidiera hacer lo que tenía que hacer. Cada fracaso lo acercó a la solución; siguió eliminando los materiales que no funcionaban hasta que finalmente encontró el que sí.

Ríete de ti mismo, porque tus fracasos te están preparando para cosas cada vez mejores. De seguro disfrutaste de la historia del error que cometí en no asistir al evento en el que debía dar un discurso. Los de mi club Toastmasters también se beneficiaron de mi historia. Reírte de ti mismo te ayudará a ser más indulgente con los fracasos de otras personas.

***Aprende de tu fracaso.*** Solo fracasas cuando no aprendes de los fracasos que suceden en tu vida. Sé que un estudiante está en serios problemas cuando no aprueba una tarea o asignatura y no comprende el por qué. Si no sabes por qué reprobaste, no sabrás cómo solucionarlo. Cuando fracasas, hay lecciones valiosas detrás de ese fracaso de las cuales puedes aprender. Tal vez necesites crecer como líder, ser más paciente o prestar atención a los detalles. En todo caso, debes prestar mucha atención, analizar la situación y aprender de ella. Este es un trabajo que solo tú puedes hacer, no puedes delegarlo a otras personas. No intenté culpar a la persona que programó mi apariencia en la graduación. Lo que aprendí de ese fracaso es que siempre debo agendar mis citas en un calendario en lugar de depender solo de mi memoria.

¿Fracasas porque estás distraído o no tomas tus estudios en serio? Cualquiera que sea la causa de tu fracaso, debes aprender de ella. Y luego es fundamental que apliques lo aprendido. Si no lo haces, vuelves al punto de partida. Ahora uso Google Calendar para mis citas y nunca me ha vuelto a pasar lo de esa fatídica graduación. No desperdicies tus fracasos, porque su finalidad es enseñarte y ayudarte a crecer. Aunque la escuela no recompense el fracaso, la vida sí lo hace. Cuanto más fracasas, más te esfuerzas y más te acercas a los resultados que necesitas.

**Comparte las lecciones aprendidas.** Todo fracaso conlleva aprendizaje. Cuando entiendes esto, te emocionará descubrir que fracasaste o cuando alguien te haga consciente de que fracasaste. No te enojes con la persona que te lo haga entender. No te enojes contigo mismo cuando te des cuenta. Es posible que estudiaste mucho para tu prueba o examen e hiciste todo lo posible pero igual reprobaste. No desperdicies ese fracaso; tiene algo que enseñarte. Cuando aprendas de tu fracaso, comparte lo que aprendiste con otras personas. Las historias, especialmente las personales, son unas de las formas más poderosas de inspirar, motivar y equipar a otras personas. Pero para tener historias que contar, debes pasar por experiencias. Así que no te asustes cuando pases por dificultades. La verdad es que eso te ayudará a mejorar.

Hay muchas formas diferentes de compartir las lecciones que aprendes de tus fracasos. No necesitas ser miembro de Toastmasters o cualquier otro grupo de oradores para hacer eso. Quizás podrías compartirlas por tus redes sociales. Hagas lo que hagas, debes ser prudente. No compartas información que no esté destinada al público en general solo porque quieres compartir las lecciones que aprendiste. Pero esto tampoco debería impedirte compartir lo vivido. Tienes que saber discernir y ser discreto al momento de compartir tus experiencias. En mi caso, compartí mi historia en distintas plataformas. Puedes verla aquí en inglés: https://www.youtube. com/watch?v=A0oejmwXjlk

**No permitas que tus fracasos te definan**
A estas alturas, espero que tu percepción del fracaso haya cambiado o esté cambiando. Después de todo, fracasar no es tan malo como te han hecho creer. No importa si solo sacas F de calificación, no dejes que el fracaso te defina. No solo de tus fracasos, sino cómo reaccionas a ellos, determinará en lo que te convertirás. La mejor forma de reaccionar a los fracasos es negarte a aceptar que eres un fracasado. El hecho de fracasar en algo no significa que seas un fracasado. Algunas personas cometen el error de llamar a alguien que ha cometido un error en su vida un «fracasado». Esto no es verdad. Fracasar no te convierte en perdedor. Solo te conviertes en uno cuando te niegas a aprender de tus fracasos o aplicar las lecciones aprendidas. No eres un fracasado porque alguien lo piense o diga. Incluso si tu profesor dice que eres un fracasado, no lo eres. Solo te conviertes en uno cuando crees lo que otros te dicen o lo que te dices a ti mismo.

Muchos profesores han hecho predicciones sobre sus alumnos, y algunas de estas predicciones resultaron ser completamente erróneas. Aquí encontrarás predicciones que profesores hicieron de algunas personas famosas.

Fueron extraídas de un artículo del 2005 de The Guardian, titulado «What Teacher Said About» (Lo que los profesores dijeron de...)[2]:

### Hitler
De su boletín del 16 de septiembre de 1905: «Conducta moral muy satisfactoria; diligencia, irregular; instrucción religiosa, adecuada ... dibujo a mano alzada, bueno; gimnasia, excelente.»

### Albert Einstein
El profesor de escuela de Múnich escribió en el boletín de 1985 de Albert Einstein que él nunca llegaría a nada.

### Tony Benn, Escuela de Westminster
«Sus conocimientos son irregulares.» «A veces acepta alusiones políticas que nadie más acepta.»

### Fidel Castro
«Estudiará leyes y no tenemos ninguna duda de que se hará famoso. Fidel tiene lo que se necesita y llegará lejos.»

### Stephen Hawking
Su último boletín decía: «Llegará lejos.»

### Charlotte Bronte
Su informe escolar decía que ella «no escribía bien» y que «no sabía nada de gramática».

---

[2] https://www.theguardian.com/education/2005/jan/11/schools.uk1

## John Lennon

«Inútil. Hace payasadas en clase. Solo hace perder el tiempo de otros alumnos. Ciertamente fracasará.»

El artículo menciona muchas otras personas que no calzaron en las predicciones de sus profesores. No debes permitir que las opiniones de otras personas, incluyendo las de tus profesores, se conviertan en tu realidad.

## Tarea: Enfrentar el fracaso

1. «*Nada en este mundo puede reemplazar la persistencia. El talento no puede hacerlo: nada es más común que hombres fracasados con talento. El genio no puede hacerlo: un genio sin recompensa es casi un proverbio. La educación no puede hacerlo: el mundo está lleno de indigentes educados.» Solo la persistencia y la determinación son omnipotentes.*» **-Calvin Coolidge-**

    a) ¿Por qué necesitas más que buenas calificaciones para tener éxito?

2. «*El éxito no es definitivo, el fracaso no es fatal, es el coraje para continuar lo que cuenta.*» **-Winston Churchill-**

    a) Da un ejemplo de un momento en el que fuiste valiente.

3. «*Al final del día, usted es el único responsable de su éxito y su fracaso. Y cuanto antes se da cuenta de eso, lo acepta y lo integra en su ética de trabajo, usted comenzará a tener éxito. Mientras culpa a otros por*

*la razón que usted no está donde quiere estar, siempre será un fracaso.»* **-Erin Cummings-**

*«El socialismo es la filosofía del fracaso, el credo a la ignorancia y la prédica a la envidia; su virtud inherente es la distribución igualitaria de la miseria.»* **-Winston Churchill-**

a) ¿Por qué es importante asumir la responsabilidad de tus fracasos?

4. *«Algunas veces al perder una batalla encuentras una nueva forma de ganar la guerra.»* **-Donald Trump-**

   a) Da un ejemplo de una batalla personal que hayas ganado.
   b) ¿Qué obstáculos o fracasos tuviste que superar?

5. *«Construye sobre el fracaso. Úsalo como un escalón. Cierra la puerta al pasado. No trates de olvidar los errores, pero no te mortifiques por ellos. No le dejes nada de tu energía, ni nada de tu tiempo, ni de tu espacio.»* **-Johnny Cash-**

   *«Ganar es genial, pero si realmente vas a hacer algo en la vida, el secreto es aprender a perder. Nadie va invicto todo el tiempo. Si puedes recuperarte después de una derrota aplastante y continuar para ganar otra vez, serás un campeón.»* **-Wilma Rudolph-**

   a) ¿Por qué es fundamental construir sobre el fracaso?
   b) ¿Cómo lidias con el fracaso?

6. *«Recordar que voy a morir pronto es la herramienta más importante que he encontrado para ayudarme a tomar las grandes decisiones en la vida. Debido a que casi todo, las expectativas externas, el orgullo, el temor a la vergüenza o al fracaso; todo eso desaparece frente a la muerte, dejando solo lo que es verdaderamente importante.»* -**Steve Jobs**-

    a) ¿Por qué es importante recordar que eres mortal?
    b) ¿Tomas en cuenta tu mortalidad en todo lo que haces?

7. *«No importa lo que haya sucedido en el pasado o lo que está pasando en tu vida en este momento, que no tiene poder para evitar que tengas un increíblemente buen futuro si se quiere caminar por la fe en Dios. ¡Dios te ama! ¡Él quiere que vivas con la victoria sobre el pecado para que pueda tener sus promesas para tu vida hoy!»* -**Joyce Meyer**-

    *«Le doy gracias a Dios por mis fracasos. Tal vez no en el momento, pero sí después de reflexionarlo. Nunca me siento como una fracasada simplemente porque haya intentado algo que haya fracasado.»* -**Dolly Parton**-

    a) ¿Qué papel juega la fe en el manejo de tus fracasos?

8. *«Piensa dos veces antes de hablar, ya que tus palabras e influencia plantarán la semilla del éxito o del fracaso en la mente de otro.»* -**Napoleon Hill**-

*«Los líderes verdaderos no invierten en edificios. Jesús nunca construyó un edificio. Invierten en la gente. ¿Por qué? Porque el éxito sin un sucesor es fracaso. Así que tu legado no debes ser en edificios, programas o proyectos; tu legado debes ser en las personas.»* -**Myles Munroe**-

    a)  ¿Cómo impactan tus palabras a los demás?
    b)  ¿Qué puedes hacer para fortalecerte?

9. *«Es mucho mejor atreverse a cosas grandes, cosechar triunfos gloriosos aún marcados por el fracaso, que aliarse con esos pobres espíritus que ni mucho disfrutan ni mucho sufren porque habitan en la penumbra donde ni la victoria ni la derrota se conocen.»* -**Theodore Roosevelt**-

    a)  ¿Por qué deberías evitar «ir a lo seguro»?
    b)  ¿Cómo tomas riesgos como estudiante?

10. *«Los hombres exitosos actúan como si hubieran logrado algo o estuvieran disfrutando de algo. Pronto se convierte en una realidad. Actúa, mira, considérate exitoso, compórtate así, y te asombrarán los resultados positivos.»* -**William James**-

*«El fracaso es, en cierto sentido, el camino hacia el éxito, en la medida en que cada descubrimiento de lo que es falso nos lleva a buscar seriamente lo que es verdad.»* -**John Keats**-

*«El que nunca ha fallado en alguna parte, ese hombre no puede ser grande.»* -**Herman Melville**-

a) ¿Qué tan cómodo se siente con el fracaso?
b) ¿Por qué es importante tener una actitud correcta hacia el fracaso?

## Pensamientos finales

Si no fracasas, nunca lograrás grandes cosas ni alcanzarás la grandeza. Aquellos que temen fracasar no viven realmente ni aspiran a mucho. Cuanto más fracases, más te acercarás a lograr los resultados deseados. En lugar de huir del fracaso, acéptalo, celébralo e intégralo en lo que sea que estés haciendo. Esto incluye tus estudios. No te rindas ni abandones tus estudios porque reprobaste una, dos o más asignaturas. Al final del día, lo que importa no es cuántas veces fracasaste sino lo que aprendiste y ganaste de esos fracasos. Sigue aprendiendo y recuerda que los que fracasan más, logran más cosas.

## Capítulo 8

# Un enfoque espiritual

*«El comienzo de la sabiduría es el temor del Señor; conocer al Santo es tener discernimiento.»* **Proverbios 9:10 (NVI)**

*«Porque ¿qué aprovechará al hombre, si ganare todo el mundo, y perdiere su alma? ¿O qué recompensa dará el hombre por su alma?»* **Mateo 16:26 (RVR1960)**

Te agradezco por comprar este libro y leerlo. Mucha gente compra libros, pero no los lee, sino que simplemente los deja en su librero. Estás leyendo este capítulo porque has leído el resto del libro. No sé qué te motivó a comprar este libro en primer lugar, pero quizás quieres tener éxito en tu aprendizaje en línea. En otras palabras, elegiste esforzarte para convertirte en un profesional exitoso, un deseo muy noble por el que te felicito.

Soy un estudiante del crecimiento y desarrollo personal, y mi misión es inspirar, equipar y motivar a personas de todos los ámbitos de la vida a que se abran a todas las posibilidades para sus propias vidas y actúen en consecuencia. Esta perspectiva holística del crecimiento y desarrollo personal fue integrada en mi empresa IEM APPROACH. En otras palabras, para alcanzar el éxito, lo espiritual y lo físico deben mantener una sinergia. Por lo tanto, nos ocupamos de garantizar que, si bien alentamos a las personas a tener carreras exitosas, y luchar por alcanzar sus metas y aspiraciones, que también tengan una buena vida espiritual.

Aunque el estado eterno de tu alma es lo más importante de todo, lo coloqué al final del libro porque tu alma es más valiosa que cualquier otra cosa. Dejé lo mejor para el final para recompensarte por haber leído todo el libro. Si leíste hasta aquí, mereces escuchar la noticia más importante de todas, la buena noticia de que fuiste creado con un propósito y que Dios te ama incondicionalmente.

Aunque algunas personas no creen que el aspecto espiritual de nuestras vidas sea esencial, yo estoy convencido de que lo espiritual es primordial. Por lo tanto, es prudente que le des prioridad a tu vida espiritual. Aunque es una excelente idea esforzarte por alcanzar la grandeza en esta vida, es más provechoso alcanzar el éxito espiritual y eterno. No tomarme la oportunidad de compartir contigo la fuente de mi propio éxito físico y espiritual sería un fracaso descomunal de mi parte.

Aunque esta sección del libro puede ser controvertida para algunas personas, no puedo negarme a compartir contigo el factor más esencial que ha moldeado e influido en mi vida. Documenté esto a profundidad en mi libro *Viajando a América: un camino de fe,* así como también en mi otro libro *Por qué me negué a convertirme en un inmigrante indocumentado: navegando las complejidades del sistema de inmigración estadounidense.*

Si me niego a compartir contigo cómo puedes conectarte con la fuente de TODAS las cosas, te habría dado un excelente automóvil para conducir, pero sin gasolina para ponerlo en marcha. El otro componente que falta es la clave para arrancar el vehículo. Si te encuentras en un entorno donde no tienes la posibilidad de comprar combustible para el automóvil, el automóvil será inútil. No porque el vehículo esté averiado, sino porque carece de lo esencial para poder arrancar.

Eres como ese auto. Para que puedas funcionar al máximo, tanto ahora como por toda la eternidad, necesitarás que el poder de Dios a través del Espíritu Santo obre en ti. Puede que profeses otra religión, lo cual está bien. Lo único que te estoy sugiriendo es que prestes atención a lo que tengo que decirte, porque Jesús hizo muchas afirmaciones respecto a cómo acercarnos a Dios. Me refiero al Dios que se revela en la Biblia.

Mientras que algunas personas insisten en que hay un Dios y que todos los caminos conducen a este Dios único, la Biblia enseña que hay muchos dioses diferentes, y que caminos diferentes conducen a estos dioses diferentes. Por lo tanto, no tiene sentido insistir en que todas las religiones están tratando de lograr lo mismo, porque no es así. Superficialmente puede parecer que intentan llegar al mismo destino. Pero, al mirar más de cerca, te darás cuenta de que todos los dioses son diferentes, y que el destino no es el mismo.

*«Jesús le dijo: Yo soy el camino, y la verdad, y la vida; nadie viene al Padre, sino por mí.»* **Juan 14:6 (RVR1960).**

Esta es una declaración poderosa con implicaciones de gran alcance, por lo cual debe ser estudiada a profundidad. Sé que eres alguien que quiere ganar. Quieres llegar a la cima. Confío en que harás lo correcto investigando esta afirmación de Jesucristo. No pretendo tener toda la información. De hecho, hay un sinnúmero de recursos que te pueden ayudar.

No hay nada más importante que estar conectado con Dios. Aunque muchos argumentan que hay un solo Dios y muchos caminos distintos para alcanzarlo, objetaré esa conclusión. Dado que todas las religiones tienen dioses distintos, no es necesario que todos los dioses sean iguales.

A algunos les incomoda hablar de Dios porque no quieren ofender a la gente. El problema con esa idea es que esas personas abordan un tema crucial de forma superficial. Si fueras diagnosticado con cáncer cerebral, no querrías que cualquier médico operara tu cerebro. Cualquier persona sabia buscaría al mejor médico para su cirugía. Meticulosamente recopilarías información de diferentes especialistas disponibles y entenderías qué los distingue entre sí. Luego tomarías la decisión informada y acertada de seleccionar el mejor médico para operarte. No decidirías qué médico operará tu cerebro según el que esté de moda. Te importará menos la popularidad del médico siempre y cuando sea competente y tenga las habilidades y la experiencia necesaria para atenderte bien.

Entonces, ¿por qué las personas no son diligentes cuando se trata de asuntos espirituales? ¿Es porque no saben lo que está en juego? Tu alma es más importante que tu cuerpo físico. Tu alma no tiene precio. Déjame decirlo de esta manera: todas las riquezas del mundo no alcanzarían para comprar tu alma. Por esta razón, debes prestar mucha atención al destino eterno de tu alma.

No estoy tratando de forzarte a profesar una religión en particular porque yo no soy una persona religiosa. Lo que te sugiero aquí es que cuidadosamente consideres las afirmaciones que hizo Jesucristo y lo que ya hizo por ti.

Espero sinceramente que dediques el tiempo y el esfuerzo necesario para instruirte bien para tomar una decisión sabia con respecto al destino eterno de tu alma.

No hay nada más importante que tu alma. No necesitas la aprobación de los demás para hacer las paces con Dios. Por el contrario, hacer las paces con Dios es una decisión personal, y no siempre es popular. Considera la siguiente afirmación de Jesucristo:

> «*Entrad por la puerta estrecha; porque ancha es la puerta, y espacioso el camino que lleva a la perdición, y muchos son los que entran por ella; porque estrecha es la puerta, y angosto el camino que lleva a la vida, y pocos son los que la hallan.*»
> **Mateo 7:13-14 (RVR1960)**

Según este versículo, demasiadas personas andan por el camino de la perdición. En otras palabras, si te guías por lo que es popular, terminarás siguiendo a la multitud, lo cual te llevará a la perdición. No tienes que seguir a los demás. Anda por el camino estrecho por el que pocos caminan y encontrarás vida. Y esta no es una vida cualquiera. Es la vida eterna que el mismo Jesucristo da. Esta es tu oportunidad de emprender el camino de la vida eterna. No permitas que lo popular y las tendencias te roben la vida eterna.

Antes de continuar, quiero felicitarte. Has hecho lo que muchas personas no hacen. La mayoría de las personas empiezan libros, pero nunca terminan de leerlos. Sin embargo, aquí estás, leyendo. No hay nada más importante que ser hijo de Dios. Sería malvado de mi parte no compartir esta verdad contigo. Es una de las cosas más importantes que harás. Es más importante que cuidar de tu cuerpo físico porque tu cuerpo eventualmente se descompondrá.

No sé dónde te encuentras en tu viaje espiritual. Eso no importa, simplemente te aliento encarecidamente a leer este capítulo con una mente abierta y que te asegures de hacer las paces con Dios. Tienes la oportunidad de permitir que Dios viva dentro de ti. Esto debería emocionarte más que tener el cuerpo perfecto.

Debemos tomar lo que dice Nuestro Señor Jesucristo muy en serio. Este es uno de los versículos bíblicos más famosos que pone todo en perspectiva:

> *«Porque ¿qué aprovechará al hombre, si ganare todo el mundo, y perdiere su alma? ¿O qué recompensa dará el hombre por su alma?»* **Mateo 16:26 (RVR1960)**

Aquí Jesucristo hizo una gran pregunta que todos deben responder. No puedes darte el lujo de seguir con tu vida sin responder a estas preguntas, porque el final de tu vida determinará las respuestas. Curiosamente, no se menciona el cuerpo en el versículo. El alma es lo importante porque el cuerpo finalmente morirá y se descompondrá, pero el alma vivirá para siempre.

No hay nada más importante que tu alma, y debes tomarte esto en serio. Aunque no tiene nada de malo tener éxito en esta vida, si descuidas lo realmente importante, lo lamentarás por toda la eternidad.

La suposición principal que he hecho en este libro es que eres un creyente en el Señor Jesucristo, que le entregaste tu vida y lo aceptaste como tu Señor y Salvador. Además de haber nacido de nuevo, estás caminando diariamente con el Señor y dando el fruto del Espíritu Santo.

Tener una perspectiva de la eternidad es lo más sabio porque lo que importa es nuestra vida eterna. La gente tiene siglos buscando la juventud, y ahora hay muchas investigaciones sobre el envejecimiento y cómo revertirlo. Incluso si encontráramos la Fuente de la Juventud y bebiéramos de ella para permanecer jóvenes para siempre, la vida en la Tierra aún tendría muchos cambios para nosotros. Esto también implica que, al revertir el envejecimiento y asegurarnos de permanecer jóvenes aquí en la Tierra, aún enfrentaríamos muchos otros desafíos porque vivimos en un mundo caído con muchos problemas diferentes.

Digo todo esto para hacer hincapié en la importancia de ansiar nuestro hogar real y definitivo, donde estaremos con nuestro Padre Celestial por los siglos de los siglos. Si bien la vida en la Tierra es excelente, vivir en el cielo será más fabuloso y más satisfactorio, y esto es algo que todos los hijos de Dios deben ansiar.

Si aún no eres un hijo de Dios, aquí te doy la oportunidad de aprender cómo convertirte en uno. No puedes darte el lujo de descuidar esto, ya que es sumamente importante. Que esto sea una señal de que es hora de que hagas las paces con Dios.

## Sigue instrucciones, ya que te llevarán a la vida eterna

La vida no termina cuando mueres. Hay una vida después de la muerte, y aprovecharé esta oportunidad para hablarte de ella. Hablar de la vida después de la muerte no es una forma indirecta de desconectarte de la vida presente, sino una motivación para que aproveches tu tiempo en la Tierra al máximo. Hay muchos argumentos sobre qué caminos conducen a Dios y cuál Dios es fiel. No hablaré de estos temas, porque no cuento con suficiente espacio aquí para poder hacer un estudio comparativo de la religión mundial.

Dicho esto, es fundamental señalar que, si bien la cultura popular clasifica al cristianismo como religión y trata de compararlo con otras, el cristianismo no es una religión. Si religión es la humanidad haciendo todo lo posible por acercarse a Dios y complacerlo, el cristianismo es exactamente lo contrario. Dios es quien hace todo lo posible para acercarse a y redimir la humanidad. Para disfrutar de esta redención que Dios está ofreciendo, debes seguir instrucciones.

Escribo esto suponiendo que ya te reconciliaste con Dios y tienes una relación con él. Si aún no tienes una relación con Dios, te daré la oportunidad de hacerlo. Esta es una de las decisiones más importantes que tomarás en tu vida, y no debes tomarla a la ligera. No quiero que permitas que los fracasos de otros creyentes con los que hayas interactuado te impidan tener una relación personal con tu Padre Celestial. Él lleva tiempo esperando que regreses a casa y te reúnas con él.

Esta es tu oportunidad de volver a casa, a la plenitud y abundancia de la vida. Dios ofrece todo lo que necesitas y deseas, y nunca serás desamparado ni abandonado.

Déjame comenzar haciéndote la siguiente pregunta: ¿Tienes una relación personal con Jesucristo? Hago esta pregunta porque, aunque todos los caminos llevan a Roma, no todos los caminos llevan al Dios de la Biblia. Jesucristo, quien es Dios encarnado, afirmó de forma exclusiva:

*«—Yo soy el camino, la verdad y la vida —le contestó Jesús—. Nadie llega al Padre sino por mí.»* **Juan 14:6 (NVI)**

Esta es una afirmación audaz, y Jesucristo murió defendiéndola. Simplemente significa que, si quieres tener una relación con el Dios de la Biblia, que también es el creador del cielo y la tierra, debes pasar por Él. Si aún no eres seguidor de Jesucristo, esta es tu oportunidad de convertirte en uno. Te sugiero esto porque te conectará con la fuente de todas las cosas. Avivará tu espíritu y vivirás para siempre en la presencia de Dios. Criar a tu hijo con el temor de Dios es lo mejor que puedes hacer por ti y tu hijo.

*Lo primero y más importante que debemos entender es que todos hemos pecado.* En otras palabras, no podemos alcanzar el estándar perfecto de Dios, no importa cuánto lo intentemos. *¿Has intentado ser bueno por tu cuenta y te diste cuenta muchas veces de que no estás a la altura?* ¿Tienes un vacío en tu corazón que nada ha podido llenar, sin importar cuánto lo hayas intentado? ¿Te comparas con los demás y sientes que eres buena persona porque eres mejor que otros? Si respondiste afirmativamente a cualquiera de estas preguntas, debes entender que todos hemos pecado, tal como lo explican los siguientes versículos:

*«Pues todos han pecado y están privados de la gloria de Dios.»* **Romanos 3:23**

*«No hay en la tierra nadie tan justo que haga el bien y nunca peque.»* **Eclesiastés 7:20**

*«Todos somos como gente impura; todos nuestros actos de justicia son como trapos de inmundicia. Todos nos marchitamos como hojas; nuestras iniquidades nos arrastran como el viento.»* **Isaías 64:6**

*«Así está escrito: «No hay un solo justo, ni siquiera uno.»*
**Romanos 3:10**

*«Porque el que cumple con toda la ley, pero falla en un solo punto ya es culpable de haberla quebrantado toda.»*
**Santiago 2:10**

*«Juan no era la luz, sino que vino para dar testimonio de la luz.»* **Juan 1:8**

---

Todos hemos pecado y necesitamos el perdón de Dios. Este debe ser tu punto de partida. Reconocer esto te permitirá recibir el perdón y la salvación gratuita de Dios.

*La segunda cosa crucial que hay que entender son las devastadoras consecuencias del pecado.*

Quizás te estés preguntando por qué el pecado es tan malo y por qué le doy tanta importancia. Todos, incluyéndote a ti, deberían estar preocupados por las consecuencias del pecado porque, según el siguiente versículo, el pecado tiene una paga, y esa paga es muerte:

---

*«Porque la paga del pecado es muerte, mientras que la dádiva de Dios es vida eterna en Cristo Jesús, nuestro Señor.»*
**Romanos 6:23**

*«Por medio de un solo hombre el pecado entró en el mundo, y por medio del pecado entró la muerte; fue así como la muerte pasó a toda la humanidad, porque todos pecaron.»* **Romanos 5:12**

*«Pero los cobardes, los incrédulos, los abominables, los asesinos, los que cometen inmoralidades sexuales, los que practican artes mágicas, los idólatras y todos los mentirosos*

*recibirán como herencia el lago de fuego y azufre. Esta es la segunda muerte.»* **Apocalipsis 21:8**

Esta muerte es tanto física como espiritual. El pecado puede hacernos morir en vida y, si morimos en pecado, estaremos separados de Dios por la eternidad. De seguro esto no es lo que quieres para ti o tus hijos. De seguro quieres estar en la presencia de Dios por la eternidad, por lo que el otro tema crucial en el que debes pensar es la paga del pecado.

*El tercer paso crucial es pedirle a Dios que perdone nuestros pecados.* Las buenas nuevas es que Dios está listo y dispuesto a perdonarnos todos nuestros pecados. Como pronto descubrirás, Dios ya dio el primer paso:

*«Porque tanto amó Dios al mundo que dio a su Hijo unigénito, para que todo el que cree en él no se pierda, sino que tenga vida eterna.»* **Juan 3:16**

*«Entonces Jesús le dijo: —Yo soy la resurrección y la vida. El que cree en mí vivirá, aunque muera; y todo el que vive y cree en mí no morirá jamás. ¿Crees esto?»* **Juan 11: 25-26**

*«Cree en el Señor Jesús; así tú y tu familia serán salvos.»*
***Hechos 16:31***

*«Que, si confiesas con tu boca que Jesús es el Señor y crees en tu corazón que Dios lo levantó de entre los muertos, serás salvo. Porque con el corazón se cree para ser justificado, pero con la boca se confiesa para ser salvo.»* **Romanos 10:9-10**

*«Todo el que cree que Jesús es el Cristo ha nacido de Dios, y todo el que ama al padre ama también a sus hijos.»* **Juan 5:1**

Ahora que has confesado y le has pedido a Jesús que perdone tus pecados, tus pecados serán perdonados.

*La cuarta y última cosa que debes hacer es invitar a Jesús a tu corazón.* Ahora es tu oportunidad de entregarle tu vida a Jesús e invitarlo a entrar en tu corazón. Jesús nunca obligará a nadie a aceptarlo. Según el siguiente pasaje de las Escrituras, Él está tocando y esperando que lo invites a entrar.

*«Mira que estoy a la puerta y llamo. Si alguno oye mi voz y abre la puerta, entraré, y cenaré con él, y él conmigo.»*
**Apocalipsis 3:20**

*«Más a cuantos lo recibieron, a los que creen en su nombre, les dio el derecho de ser hijos de Dios.»* **Juan 1:12**

*«Ustedes ya son hijos. Dios ha enviado a nuestros corazones el Espíritu de su Hijo, que clama: «¡Abba! ¡Padre!»* **Gálatas 4:6**

*«Para que por fe Cristo habite en sus corazones. Y pido que, arraigados y cimentados en amor.»* **Efesios 3:17**

Jesucristo está esperando que lo invites a entrar, y puede hacerlo orando y pidiéndole que lo haga. Usa tus propias palabras para hablar con Él o usa las siguientes palabras de «La oración de los pecadores» de John Barnett. Esta oración expresa el deseo de confiar solo en Cristo para la salvación eterna. Si su contenido refleja el reflejo de tus propios deseos, hacer la oración puede ser el vínculo que te conectará con Dios.

*Querido Dios, sé que soy un pecador y no hay nada que pueda hacer para salvarme. Confieso mi incapacidad de perdonar mis propios pecados o abrirme paso al cielo. En este momento, decido confiar solo en Cristo como Aquel que cargó con mi pecado cuando murió en la cruz. Creo que hizo todo lo necesario para que yo estuviera en su santa presencia. Te doy las gracias a Ti porque Cristo resucitó de entre los muertos como garantía de mi propia resurrección. Confiaré en Ti lo más que pueda. Agradezco que Él haya prometido recibirme en Sus brazos a pesar de mis muchos pecados y fracasos. Padre, te tomo la palabra. Te doy las gracias porque puedo enfrentar la muerte ahora que eres mi Salvador. Gracias por darme la seguridad de que andarás conmigo en el valle de sombra de muerte. Gracias por escuchar esta oración. En el nombre de Jesús. Amén.*

¡Alabado sea Dios, Aleluya! Si acabas de decir esta oración, estoy muy emocionado por ti y quiero aprovechar esta oportunidad de darte la bienvenida al reino de Dios y a la familia de Dios. Esta es una de las decisiones más críticas que tomarás en tu vida porque tiene consecuencias eternas. Ahora eres un recién nacido en Cristo y necesitas alimento espiritual para crecer en tu fe. Si necesitas más información sobre qué hacer ahora, envíame un correo electrónico.

Quiero resaltar el hecho de que el foco no es que te unas a una religión o te vuelvas religioso. La religión es un hombre que busca agradar a Dios. Pero aquí te mostré que Dios busca al hombre. Dios amó al mundo entero, luego entregó a su hijo para pagar el castigo por nuestros pecados. Te explico esto para que entiendas que estás siendo llamado a tener una relación personal con Jesús y no solo profesar una religión. Si bien es importante asistir a una iglesia, es aún más importante que establezcas una relación saludable y buena con Jesucristo. (Todo este plan de salvación fue tomado de mi propio material, con ciertas modificaciones).

# Agradecimientos

Agradezco a mi padre, quien me enseñó la importancia de ser un buen alumno-profesor. Aunque tuvo una presencia en línea, tenía mucha sabiduría sobre cómo tener éxito como estudiante, la cual transmitió a sus alumnos. Su inspiración era contagiosa. Todavía lo considero el mejor profesor de todos los tiempos, y no solo porque soy su hijo y fue mi profesor de primer, tercer, quinto y sexto grado. De verdad fue excelente.

Mi familia, especialmente mi esposa e hijos, me apoyaron muchísimo en mis proyectos de escritura, y quiero darles las gracias por estar ahí para mí. Su amor, oraciones y fe en lo que hago me dan energía y me impulsan a seguir adelante.

Quiero agradecer a Scott Bugers de la Universidad Embry-Riddle Aeronautical por haberme ayudado a obtener mi primer trabajo como profesor en línea hace casi una década. Es un gran líder y logré empezar mi carrera como profesor en línea gracias a él. Si no me hubiera dado esta primera oportunidad, este libro no habría sido posible.

He completado capacitaciones de enseñanza en línea para las universidades Liberty, Richland, Tarrant County y Graden City, entre otras. Les doy las gracias a todos los que me capacitaron y me enseñaron las habilidades necesarias para enseñar en línea. Algunas de las cosas que compartí en este libro son resultado directo de estas experiencias.

Muchos de mis colegas me han ayudado. Entre todos ellos, me gustaría agradecer al Dr. Timothy Elsworth de la Universidad West Hills por toda su ayuda y apoyo a lo largo de los años.

A lo largo de los años, he tenido el privilegio de acceder a recursos en línea y de capacitación de otros profesionales en línea y quiero aprovechar esta oportunidad para agradecerles por compartir sus conocimientos y experiencia con todos nosotros.

Asimismo, les doy las gracias a todos mis alumnos. He aprendido mucho de ellos. Este libro es el resultado de los gratificantes intercambios que he tenido con todos ellos a lo largo de los años. Muchas gracias por compartir conmigo sus luchas, desafíos y victorias. Soy mejor profesor gracias a todos ustedes.

El equipo editorial de IEM PRESS hizo un buen trabajo de convertir mis notas y divagaciones en un libro legible. Sin su diligencia y arduo trabajo, este libro no habría visto la luz del día. El equipo de diseño también hizo un excelente trabajo convirtiendo el trabajo editado en un libro. Les doy las gracias por su arduo trabajo y diligencia.

Por último, pero no por ello menos importante, quiero darles las gracias a mis lectores, quienes son mi mayor inspiración. Sin su deseo de leer, no habría necesidad de escribir. Gracias por su apoyo y ánimo.

# Sobre el autor

Re Eric Tangumonkem nació y se crió en una caldera en la cordillera de Camerún en Camerún, África Occidental. Tiene una licenciatura en Geología y una especialización en Sociología de la Universidad de Buea en Camerún, una Maestría en Ciencias de la Tierra de la Universidad de Yaundé en Camerún y un Doctorado en Geociencias de la Universidad de Texas en Dallas. Además de ser un geocientífico con mucha experiencia en los sectores del petróleo y gas,es profesor y emprendedor.

Actualmente, enseña en la universidades Missional, Embry-Riddle y West Hills. También es el presidente de IEM Approach, una de las principales empresas de desarrollo de liderazgo y crecimiento personal, cuyos valores se basan en la sabiduría infinita revelada a través de los siglos. La misión de la empresa es inspirar, equipar y motivar a personas de todos los ámbitos de la vida a encontrar, luchar por alcanzar y dominar su propósito dado por Dios. Está casado y tiene cinco hijos.

*Disponible para charlas y conferencias:*
Si quieres invitar al Dr. Tangumonkem a dar una charla, puedes llamarlo a este número 214-908-3963 o enviarle un correo electrónico a eternalkingdom101@gmail.com

## Estas son sus redes sociales:

https://www.erictangumonkem.com

https://www.linkedin.com/in/drtangumonkem/

https://twitter.com/DrTangumonkem

https://www.facebook.com/drtangumonkem

tangumonkem.tumblr.com

https://instagram.com/tangumonkem/

http://www.pinterest.com/erictangumonkem/

https://vimeo.com/user23079930

https://www.youtube.com/c/EricTangumonkem

# Otras obras del autor

## *Viajando a América: un camino de fe*

¿Te cuesta confiarle tus finanzas a Dios? ¿Sientes que Dios te está llamando a hacer algo grande pero no vislumbras cómo lo lograrás? ¿Sientes que te abandonó en tu camino de fe? *Viajando a América: un camino de fe* es la historia de Eric Tangumonkem, de su lucha con estos pensamientos y dudas.

Dios lo llamó a América desde Camerún para realizar estudios de posgrado en la Universidad de Texas en Dallas, pero no tenía dinero para seguir este llamado. En este libro, Tangumonkem comparte su viaje de aprender a confiar en Dios cuando caminó en la fe y llegó a Estados Unidos a pesar de su falta de fondos. También comparte algunas de sus experiencias formativas antes de este llamado, experiencias que impulsarán a los lectores a tener fe. La vida de Tangumonkem es un testimonio de la fidelidad de Dios, y él le da toda la gloria por eso.

https://www.amazon.com/dp/B082D16PD5/ref=cm_sw_r_tw_dp_x_RXTmFbKTVRZCR via @amazon

## El uso y abuso de títulos religiosos

En este libro, siete distinguidos profesionales cristianos examinan las razones detrás de la inquietante proliferación de títulos religiosos en la cristiandad en los últimos tiempos. El libro desafía a los lectores a permanecer en la senda angosta y recta, que celebra a los ministros con títulos otorgados con sólidos fundamentos bíblicos, mientras que rechaza a aquellos con títulos que aluden a la autopromoción y errores doctrinales. El libro también aborda los siguientes conocimientos prácticos: · Cómo identificar el uso adecuado de títulos religiosos · La historia del uso de títulos en la cristiandad · Cómo evitar las trampas de obtener títulos falsos · Una comprensión de la relación entre títulos religiosos y liderazgo

https://www.amazon.com/dp/B01E5H36CC/ref=cm_sw_r_tw_dp_x_b4TmFb2K22RPE via @amazon

## Siete claves del éxito que aprendí de mi padre

En este libro, hablo de mi padre, mi profesor, mi ejemplo y mi héroe. Un hombre apasionado como cualquier otro, pero también un hombre de cualidades y habilidades excepcionales. Las siguientes son las siete claves del éxito que mi padre me enseñó: Temor de Dios, humildad, educación, integridad, trabajo duro, oración y visión. Todas estas claves me han llevado a ser quien soy hoy.

Además de estas claves que me enseñó, él siempre fue un padre presente. Se propuso a darnos el ejemplo siempre, desde que éramos pequeños. Este libro ilustra cómo estas siete claves del éxito fueron entrelazadas en nuestra vida cotidiana y cómo me han abierto puertas de éxito sin precedentes. Espero de todo corazón que estas claves te abran todas las puertas y te ayuden a alcanzar el éxito que tanto deseas. ¡Amén!

https://www.amazon.com/dp/B01N0A0YYC/ref=cm_sw_r_tw_dp_x_I6TmFbP3QSX91 via @amazon

## *Viajando a América:* un camino de fe (versión en español)

¿Te cuesta confiarle tus finanzas a Dios? ¿Sientes que Dios te está llamando a hacer algo grande pero no vislumbras cómo lo lograrás? ¿Sientes que te abandonó en tu camino de fe?

Viajando a América: *un camino de fe* es la historia de Eric Tangumonkem, de su lucha con estos pensamientos y dudas. Dios lo llamó a América desde Camerún para realizar estudios de posgrado en la Universidad de Texas en Dallas, pero no tenía dinero para seguir este llamado. En este libro, Tangumonkem comparte su viaje de aprender a confiar en Dios cuando caminó en la fe y llegó a Estados Unidos a pesar de su falta de fondos. También comparte algunas de sus experiencias formativas antes de este llamado, experiencias que impulsarán a los lectores a tener fe. La vida de Tangumonkem es un testimonio de la fidelidad de Dios, y él le da toda la gloria por eso.

https://www.amazon.com/dp/B018H9S2BY/ref=cm_sw_r_tw_dp_x_hdUmFb8QN2148 via @amazon

Eric Tangumonkem, Ph.D

## MON ODYSSÉS AMÉRICAINE: UNE EXPÉRIENCE DE FOI (French Edition)

As-tu du mal à confier tes soucis financiers au Seigneur? Ressens-tu que Dieu t'appelle à faire quelque chose de grand, mais tu ne sais comment cela va se réaliser? Crains-tu qu'il va t'abandonner en chemin? Mon Odyssée Américaine: une expérience de foi est l'histoire d'Éric Tangumonkem et de sa lutte contre le doute et les pensées susmentionnées. Dieu l'a appelé depuis le Cameroun pour aller poursuivre ses études supérieures à l'Université du Texas à Dallas, mais il n'avait pas d'argent pour réaliser ce rêve. Dans ce livre, le Dr Tangumonkem partage avec vous les péripéties de son voyage qui l'ont amené à faire davantage confiance à Dieu alors qu'il se rendit aux États-Unis par la foi. Il partage également certaines des expériences qui l'ont bâti avant même son appel –expériences qui vont encourager les lecteurs dans leur foi. La vie du Dr Tangumonkem est un témoignage de la fidélité de Dieu à qui il rend toute la gloire.

https://www.amazon.com/dp/B00T7XBPMS/ref=cm_sw_r_tw_dp_x_heUmFbZH8NZWN via @amazon

## Los planes sobrenaturales de Dios: 7 secretos para alcanzar la prosperidad y riquezas duraderas

¿Hay algo más valioso que el dinero, las piedras preciosas, la plata y el oro? ¿Quieres ser rico y próspero? ¿Ya eres rico y próspero, pero te sientes vacío e insatisfecho? ¿Te incomoda hablar del dinero porque es la «raíz de todos los males»? En este libro no comparto atajos ni esquemas de enriquecimiento rápido. En vez, explico importantes principios, leyes y procesos involucrados en la creación de riquezas duraderas.

Es importante que entiendas que Dios desea que TODOS prosperemos, hoy y por toda la eternidad. Hay una razón divina detrás de ese deseo, y Él nos dio el camino para alcanzarlo. Los planes sobrenaturales de Dios: 7 secretos para alcanzar la prosperidad y riquezas duraderas presenta Su plan para la prosperidad y explica por qué es lo que realmente importa.

https://www.amazon.com/dp/B07WJLB4BM/ref=cm_sw_r_tw_dp_x_QfUmFb11KQQN0 via @amazon

## ¿Dónde está, oh racismo, tu aguijón?
## Una perspectiva provocadora del principio y fin del racismo

Cada vez que se menciona el tema del racismo, la tensión crece inmediatamente, la razón es echada por la borda y se desatan arrebatos emocionales.

Aunque se ha logrado mucho en la lucha contra el racismo, sus consecuencias devastadoras siguen haciendo estragos hoy en día.

En este libro, el Dr. Tangumonkem desafía el orden establecido y comparte su perspectiva que es tanto provocadora como inspiradora. Contrariamente a lo que se escucha de quienes avivan las llamas del racismo y fomentan el odio y la intolerancia, no estamos a merced del racismo. El autor ahonda profundamente en la historia para explicar por qué cada uno de nosotros es proclive al racismo, independientemente del color de piel. La alentador es que ya la victoria es nuestra; solo necesitamos vivirla. Cuando estudiamos este tema directamente, sin tapujos, ocurre un cambio radical. Quizás el fin del racismo está muy cerca.

https://www.amazon.com/dp/B082D16PD5/ref=cm_sw_r_tw_dp_x_4gUmFbRFX7EQQ  via @amazon

## *La confluencia de la fe, la migración y la misión de Dios: un llamado al pueblo de Dios en Occidente a participar en misiones*

"Nuestros hermanos, hermanas, hijos, hijas, esposos y esposas misioneros viajaban miles de kilómetros para compartir el Evangelio con personas en tierras lejanas. Están dispuestos a sacrificarlo todo para compartir el amor de Dios con estas personas. Los tiempos están cambiando. Ahora Dios está trayendo gente de tierras extranjeras directamente a nuestras costas. ¿Es esta una nueva misión? ¿Porque Él está haciendo esto? Lamentablemente, el clima y la retórica política hacen muy difícil, si no imposible, para nosotros tener una discusión sensata sobre el tema de la migración. Parece que el pueblo de Dios también está dividido sobre qué se debe hacer. Dios nos pidió ser la luz del mundo. No podemos escondernos detrás de tendencias nacionalistas o rectitud política. Debemos ser luz en tiempos de oscuridad. Debemos decir la verdad con amor en tiempos de miedo. Debemos abogar por la paz en tiempos de odio.»

Eric Tangumonkem, Ph.D

https://www.amazon.com/dp/B083P5QCW1/ref=cm_sw_r_tw_dp_x_8lUmFbYSP3NR4 via @amazon

## Celulares, dispositivos electrónicos y tú: ¿quién manda?

¿Te aflige el síndrome FOMO (temor a perderte algo) cuando no estás en línea?
• ¿Sufres de ansiedad por separación cuando no tienes tu teléfono celular contigo? • ¿Envías mensajes de texto mientras conduces? • ¿Dejas encendidos tus dispositivos electrónicos 24 horas al día, 7 días a la semana?

Si tú o alguien que conoces experimenta estas cosas, sigue leyendo. Es cierto que nuestros teléfonos celulares y dispositivos electrónicos se han vuelto parte integral de nuestras vidas. Nos conectan de formas inimaginables. Lamentablemente, también están afectando nuestras relaciones porque uno no puede establecer conexiones genuinas hablando por teléfono al mismo tiempo. Escribí este libro para ayudarte a darle el lugar adecuado a tu teléfono celular y dispositivos electrónicos, especialmente en lo que respecta a tus interacciones con otras personas. Tu mundo no se derrumbará si te desconectas en los momentos adecuados. Recuerda que tu vida y tus relaciones son las que están en juego. Toma el control.

https://www.amazon.com/dp/B083P4YHRR/ref=cm_sw_r_tw_dp_x_VmUmFbT4TYCD5 via @amazon

## Cómo inspirar a tus estudiantes en línea: 7 pasos para lograr un éxito sin precedentes en un entorno de aprendizaje electrónico

La enseñanza y el aprendizaje en línea llegaron para quedarse. Estamos viviendo en una época emocionante, en la que tenemos la oportunidad de educar al mundo desde cualquier lugar.

Este libro defiende la necesidad de inspirar el entorno de aprendizaje en línea y explora hasta dónde puede llegar para formar una nueva generación de estudiantes que tendrán un impacto tanto local como global.

La flexibilidad, versatilidad y naturaleza dinámica del aprendizaje en línea son las claves para idear soluciones globales desde cualquier lugar del mundo. Si bien los estudiantes están conectados con profesores de clase mundial de diferentes países, tendrán las herramientas para idear soluciones personalizadas para satisfacer las necesidades de sus comunidades locales.

Sí, algunos países tienen la capacidad de afrontar los crecientes costos de la educación, pero otros no. Incluso los países que pueden permitirse educar a sus ciudadanos están enfrentando gastos cada vez más altos; una forma de reducir esos costos sin comprometer la calidad es hacerlo en línea.

Este libro explica por qué y cómo esto es posible y cómo tú, como profesor en línea, puedes desempeñar un papel fundamental.

Para solicitar copias adicionales
de este libro, llama al
214-908-3963
O visita nuestro sitio web www.iempublishing.com

Si disfrutaste de la calidad de este libro
publicado a la medida,
visita nuestro sitio web para más libros e información.

*«Inspirando, equipando y motivando a un autor a la vez.»*

www.ingramcontent.com/pod-product-compliance
Lightning Source LLC
Chambersburg PA
CBHW031449040426
42444CB00007B/1035